Jean Baudrillard

Im Schatten der schweigenden Mehrheiten

Jean Baudrillard

IM SCHATTEN DER SCHWEIGENDEN MEHRHEITEN ODER DAS ENDE DES SOZIALEN

Aus dem Französischen übersetzt
von Grete Osterwald
Mit einem Nachwort von Stephan Günzel

INHALT

Im Schatten der schweigenden Mehrheiten ... | 7
Der Abgrund des Sinns | 15
Größe und Dekadenz des Politischen | 21
Die schweigende Mehrheit | 25
Weder Subjekt noch Objekt | 36
Vom Widerstand zum Hyperkonformismus | 48
Masse und Terrorismus | 56
Implosive Systeme / Explosive Systeme | 67

... oder Das Ende des Sozialen | 73
Erste Hypothese | 79
Zweite Hypothese | 81
– EXKURS: Das Soziale
oder Die funktionale Ventilation des Rests | 86
Dritte Hypothese | 92

Anmerkungen | 98

Stephan Günzel: Masse und Simulation | 105

IM SCHATTEN DER SCHWEIGENDEN MEHRHEITEN …

Das ganze Sammelsurium des Sozialen dreht sich um ein schwammiges Bezugsobjekt, um eine undurchsichtige und zugleich durchscheinende Realität, um jenes Nichts: die Massen. Als Kristallkugel der Statistiken werden sie »von Strömen und Flüssen durchzogen«, genau wie die Materie und die Naturelemente. So zumindest stellt man sie uns dar. Sie können »magnetisiert« sein, das Soziale umgibt sie wie statische Elektrizität, aber meist bilden sie eben »Masse«, das heißt, sie absorbieren die ganze Elektrizität des Sozialen und Politischen und neutralisieren sie, ohne sie wieder abzugeben. Sie sind weder gute Leiter des Politischen, noch gute Leiter des Sozialen, noch sind sie gute Leiter des Sinns im Allgemeinen. Alles durchströmt sie, alles verleiht ihnen magnetische Kraft, doch es verliert sich in ihnen, ohne eine Spur zu hinterlassen. Im Grunde ist der Aufruf an die Massen immer ohne Antwort geblieben. Sie strahlen nichts aus, im Gegenteil, sie absorbieren jede Ausstrahlung der peripherischen Gestirne des Staates, der Geschichte, der Kultur und des Sinns. Sie sind die Trägheit selbst, die Macht der Trägheit, die Macht des Neutrums.

In diesem Sinne ist die Masse charakteristisch für unsere Modernität: ein hoch implosives Phänomen, das auf keine traditionelle Praxis oder Theorie, ja vielleicht auf keine Praxis und keine Theorie überhaupt rückführbar ist.

In der imaginären Repräsentation verschwimmen die Massen irgendwo zwischen Passivität und wilder Spontaneität, doch stets bleiben sie potenzielle Energie, ein Grundstock des Sozialen und der sozialen Energie, heute noch stummer Referent, aber schon morgen, wenn die Massen das Wort ergreifen und aufhören werden, die »schweigende Mehrheit« zu sein, Protagonist der Geschichte – nur dass die Massen eben keine Geschichte haben, die sich niederschreiben ließe, weder eine vergangene noch eine zukünftige, sie verfügen weder über virtuelle Energien, die freigesetzt, noch über Wünsche, die erfüllt werden könnten: Ihre Macht ist *aktuell*, ganz und gar hier, es ist die Macht ihres Schweigens. Eine Macht der Absorption und Neutralisation, die schon jetzt allen anderen auf sie einwirkenden Mächten überlegen ist. Eine Macht der spezifischen Trägheit, deren Wirksamkeit eine andere ist als die aller Grundmuster der Produktion, der Ausstrahlung und der Expansion, nach denen unser Imaginäres funktioniert, auch in dem Willen, eben diese Muster zu zerstören. Ein unannehmbares und unerklärliches Phantom der gezielten Implosion (ist das noch ein Prozess?) all unserer Sinnsysteme, gegen die letztere all ihren Widerstand aufbieten, indem sie den zentralen Zusammenbruch des Sinns durch einen vulkanartigen Ausbruch aller Bedeutungen, einen flammenden Schub aller Signifikanten verdecken.

Die soziale Leere ist durchzogen von interstitiellen Objekten und kristallinischen Haufen, die in einem halbdunklen Hirn umherwirbeln und sich überschneiden. So ist die Masse, eine vakuumverpackte Ansammlung von individuellen Partikeln, Abfällen des Sozialen und Medienimpulsen: ein undurchsichtiger Nebelfleck, dessen wachsende Dichte alle Energien und Lichtbündel der Umgebung absorbiert, bis er schließlich unter seinem eigenen Gewicht zusammenbricht. Ein schwarzes Loch, in dem das Soziale untergeht.

Genau das Gegenteil also einer »soziologischen« Bedeutung. Die Soziologie kann die

Expansion und die Umschwünge des Sozialen nur beschreiben. Sie lebt ausschließlich von der positiven und definitiven Hypothese des Sozialen. Die Resorption, die Implosion des Sozialen entziehen sich ihr. Die Hypothese vom Tod des Sozialen ist zugleich die ihres eigenen Todes.

Der Ausdruck Masse ist kein Begriff. Als Leitmotiv der politischen Demagogie ist er eine schwammige, eine klebrige, eine lumpenanalytische Vorstellung. Eine gute Soziologie wird immer versuchen, ihn durch »verfeinernde« Kategorien zu übertreffen: durch sozioprofessionelle Kategorien, Kategorien der Klasse, des kulturellen Status und so weiter. Irrtum: Nur indem man sich von allen Seiten an diese schwammigen und unkritischen Vorstellungen herantastet, indem man sie umschleicht (wie einst das »Mana«), kommt man weiter als die kritische, intelligente Soziologie. Rückblickend wird übrigens deutlich, dass Begriffe wie »Klasse«, »soziale Beziehung«, »Macht«, »Status«, »Institution« und sogar der Begriff des »Sozialen«, kurz, dass all diese allzu klaren Begriffe, die den Ruhm der anerkannten Wissenschaften ausmachen, selbst nie etwas anderes waren als wirre Vorstellungen, über die man sich jedoch zu mysteriösen Zwecken, nämlich um einen bestimmten Code der Analyse zu bewahren, geeinigt hat.

Den Ausdruck Masse spezifizieren zu wollen ist widersinnig – es ist der Versuch, dem, was keinen Sinn hat, einen Sinn zu unterstellen. Man sagt: »die Masse der Arbeiter«. Aber die Masse ist nie die der Arbeiter, auch nicht die irgendeines anderen sozialen Subjekts oder Objekts. Die »bäuerlichen Massen« von einst waren gerade keine Massen: Nur diejenigen bilden eine Masse, die ihrer symbolischen Pflichten entledigt, die »zurückgetreten« (in die unendlichen »Netze« eingegangen) und dazu bestimmt sind, nichts anderes mehr zu sein als ein unzähliges Abfallprodukt, statistischer Ausschuss der immer gleichen Modelle, denen es nicht gelingt, sie zu integrieren. Die Masse ist ohne Attribut, ohne Prädikat, ohne Qualität, ohne Referenz. Das ist ihre Definition oder auch ihre radikale Undefinition. Sie besitzt keine soziologische »Realität«. Sie hat nichts mit irgendeiner *realen* Population, einer Körperschaft, einem spezifischen sozialen Aggregat zu tun. Hinter jedem Versuch, sie zu qualifizieren, steht das Bemühen, sie für die Soziologie zu retten und sie jener Unterschiedslosigkeit zu entreißen, die nicht einmal die der Äquivalenz ist (der unendlichen Summe äquivalenter Individuen: 1 + 1 + 1 + 1, so die soziologische Definition), sondern die des *Neutrums*, das heißt, *keines von beiden* (ne-uter).

In der Masse gibt es keine Polarität zwischen dem Einen und dem Anderen. Eben das schafft jene Leere, die Gewalt des Zusammenbruchs, die sie auf alle von der Abweichung und der Unterscheidung (zweier, oder in komplexen Systemen auch mehrerer) verschiedener Pole lebenden Systeme ausübt. Es schafft auch die Unmöglichkeit, in ihr einen Sinn zirkulieren zu lassen: Jeder Sinn zerstreut sich auf der Stelle, genau wie die Atome im leeren Raum. Und schließlich ist es der Grund, warum die Masse unmöglich *entfremdet* sein kann, da in ihr weder das Eine noch das *Andere* existieren.

Eine Masse ohne Worte, die allen geschichtslosen Sprachrohren zur Verfügung steht. Welch bewundernswerte Verbindung zwischen denen, die nichts zu sagen haben, und den Massen, die nicht sprechen. Das drückende Nichts aller Diskurse. Weder Hysterie noch potenzieller Faschismus, sondern Simulation durch die überstürzte Heraufbeschwörung aller verlorenen Bezüge. Als Black Box aller Bezüge, jedes Sinns, der nicht haften bleibt, als Black Box der unmöglichen Geschichte und der unauffindbaren Repräsentationssysteme ist die Masse das, was übrigbleibt, wenn man vom Sozialen alles vergessen hat.

Was die Unmöglichkeit betrifft, in der Masse einen Sinn zirkulieren zu lassen, so liefert Gott das beste Beispiel. Die Massen haben sich kaum mehr von ihm gemerkt als das Bild, niemals die Idee. Sie waren nie betroffen von der Idee Gottes, die stets eine Angelegenheit der Geistlichen geblieben ist, sie fühlten sich nie berührt vom Schrecken der Sünde oder des persönlichen Seelenheils. Das einzige, was sie behalten haben, ist die ganze Zauberei der Martyrien und der Heiligen, des Jüngsten Gerichts, des Totentanzes und der Hexerei, das Schauspiel und das Zeremoniell der Kirche, die Immanenz des Rituals – im Gegensatz zur transzendierenden Idee. Sie waren Heiden und sind es auf ihre Weise geblieben, nie vom Gedanken an die Höchste Instanz geplagt, haben sie sich stets mit Bildern, Aberglauben und dem Teufel begnügt. Unwürdige Praktiken im Vergleich zum spirituellen Anliegen des Glaubens? Keineswegs. Es ist nur ihre Art, den kategorischen Imperativ der Moral und des Glaubens, den erhabenen Imperativ des *Sinns,* den sie schon immer zurückgewiesen haben, durch die Banalität der Rituale und der profanen Götzenbilder außer Kraft zu setzen. Nicht, dass sie die höheren Erleuchtungen der Religion nicht hätten erreichen können: Sie haben sie ignoriert. Sie lehnen es nicht ab, für einen Glauben, für eine

Sache, für ein Idol zu sterben. Was sie ablehnen, ist die Transzendenz, die Spannung, der Unterschied, die Erwartung, die Askese – alles, was die Erhabenheit der Religion ausmacht. Für die Massen war das Königreich Gottes schon immer hier auf Erden, es war da in der heidnischen Immanenz der Bilder, im Schauspiel, das die Kirche von ihm bot. Eine phantastische Umkehrung des religiösen Prinzips. Die Massen haben die Religion durch ihre hexenhaften, spektakulären Praktiken absorbiert.

Alle großen Entwürfe der Vernunft haben das gleiche Schicksal erlitten. Sie konnten ihre Bahn und den Lauf ihrer Geschichte immer nur auf dem schmalen Grat jener sozialen Schicht verfolgen, die den Sinn (und insbesondere den sozialen Sinn) in Besitz genommen hatte; in die Massen dagegen sind sie im Großen und Ganzen nur auf Umwegen, um den Preis einer radikalen Verzerrung eingedrungen. Das gilt für die historische Vernunft, für die politische Vernunft, für die kulturelle Vernunft, für die revolutionäre Vernunft – und es gilt auch für die Vernunft des Sozialen selbst, die interessanteste von allen, da sie den Massen inhärent ist, sie im Zuge ihrer Evolution selbst hervorgebracht zu haben scheint. Sind die Massen also der »Spiegel des Sozialen«? Nein, weder spiegeln sie das Soziale wider, noch spiegeln sie sich im Sozialen – vielmehr sind sie das, woran der Spiegel des Sozialen zerbricht.

Aber auch dieses Bild stimmt nicht ganz, unterstellt es doch eine irgendwie feste Substanz, einen dichten Widerstand. Die Massen indes funktionieren eher wie ein gigantisches schwarzes Loch, das alle Energien und Lichtstrahlen, die in seine Nähe kommen, unerbittlich anzieht, nach innen biegt, krümmt und verzerrt. Eine implosive Sphäre, in der sich die Raumkrümmung beschleunigt, in der sich alle Dimensionen um sich selbst drehen und involuieren, eine Sphäre, die alles vernichtet und alles zu verschlingen droht.

Der Abgrund des Sinns

Das gilt auch für die Information.

Egal, um welchen politischen, pädagogischen oder kulturellen Inhalt es sich handelt, informiert wird immer in der Absicht, Sinn zu befördern, die Massen *unter Sinn* zu halten. Ein Imperativ der Sinnproduktion, der im ständig wiederholten Imperativ der moralischen Pflicht der Information zum Ausdruck kommt: besser informieren, besser sozialisieren, das kulturelle Niveau der Massen heben und so fort. Alles Unsinn: Die Massen widerstehen diesem Imperativ der rationalen Kommunikation mit skandalöser Beharrlichkeit. Man gibt ihnen Sinn, und sie wollen nur Schauspiel. Alle Mühe war vergebens, man hat sie weder zum Ernst der Inhalte noch zum Ernst des Codes bekehren können. Man vermittelt ihnen Botschaften, und sie verlangen Zeichen, sie vergöttern das Spiel der Zeichen und der Stereotypen, sie vergöttern jeden Inhalt, vorausgesetzt, dass er sich in eine spektakuläre Sequenz auflöst. Was sie ablehnen, ist die »Dialektik« des Sinns. Und es hilft auch nichts, sich darauf zu berufen, die Massen seien verdummt. Die Hypothese, die Massen strebten spontan nach den natürlichen Lichtern der Vernunft, ist immer scheinheilig. Sie dient dazu, das intellektuelle Wohlbehagen der Sinnproduzenten zu erhalten. Und das Gegenteil zu beschwören: dass nämlich die Massen dem Sinn-Ultimatum in voller »Freiheit« mit der Ablehnung des Sinns und dem Willen zum Schauspiel begegnen. Sie misstrauen der angeblichen Transparenz und dem *politischen* Willen wie dem Tod. Sie wittern den vereinfachenden Terror, der sich hinter der idealen Hegemonie des Sinns verbirgt, und sie reagieren auf ihre Weise, indem sie alle artikulierten Diskurse auf eine einzige irrationale und bodenlose Dimension reduzieren, auf das, worin die Zeichen ihren Sinn verlieren und sich in der Faszination erschöpfen: das Spektakuläre.

Um es noch einmal zu sagen, es handelt sich nicht um eine Verdummung: Es handelt sich um den eigenen Anspruch der Massen, um eine absichtliche und positive Gegenstrategie – ein Werk der Absorption und Vernichtung der Kultur, des Wissens, der Macht und des Sozialen. Ein uraltes Werk, das aber heute sein ganzes Ausmaß erreicht. Ein untergründiger Antagonismus, der uns zwingt, alle bisherigen Drehbücher auf den Kopf zu stellen: Demnach wäre der Sinn nicht mehr die ideale Kraftlinie unserer Gesellschaften, und das, was ihm entgeht, ein Abfallprodukt, das eines Tages resorbiert würde – sondern der Sinn wäre im Gegenteil nur ein zweideutiges Zufallsprodukt ohne Fortsetzung, ein Effekt, der sich in einem bestimmten Augenblick (der Geschichte, der Macht, usw.) aus der idealen Konvergenz eines perspektivischen Raums ergeben hätte, der aber im Grunde immer nur einen winzigen Teil, eine hauchdünne Oberfläche unserer »Gesellschaften« beträfe. Das gleiche gilt auch für die Individuen: Nur zwischendurch, nur episodisch sind wir Leiter des Sinns, im Wesentlichen aber *bilden wir eine untergründige Masse,* da wir die meiste Zeit in Panik oder Unsicherheit diesseits oder jenseits des Sinns leben.

Mit dieser umgekehrten Hypothese ändert sich alles.

Hier nur eines von tausend Beispielen der Sinnverachtung, dieser Folklore der schweigenden Passivitäten.

Am Abend der Auslieferung von Klaus Croissant überträgt das Fernsehen ein Fußballspiel: Frankreich spielt um seine Qualifikation für die Weltmeisterschaft. Ein paar hundert Personen demonstrieren vor dem Gefängnis La Santé, ein paar Anwälte rennen durch die Nacht, und zwanzig Millionen verbringen ihren Abend vor dem Bildschirm. Eine Jubelexplosion im ganzen Volk, als Frankreich gewinnt. Angesichts dieser skandalösen Gleichgültigkeit sind die aufgeklärten Geister ernüchtert und empört. *Le Monde* schreibt: »21 Uhr. Zu dieser Zeit war der deutsche Anwalt schon aus der Santé verlegt. Wenige Minuten später sollte Rocheteau sein erstes Tor schießen.« Ein Melodrama der Empörung.[1] Keine einzige Frage nach dem Geheimnis dieser Gleichgültigkeit. Stets wird nur ein Grund genannt: die Manipulation der Massen durch die Macht, die Droge Fußball. Jedenfalls *dürfte* diese Gleichgültigkeit nicht sein, folglich hat sie uns auch nichts zu sagen. Mit anderen Worten, die »schweigende Mehrheit« wird sogar ihrer Gleichgültigkeit beraubt, sie hat nicht einmal mehr das Recht, ein Verhalten, das ihr vorgeworfen würde, zu verantworten, nein, selbst die Apathie muss ihr noch von der Macht eingeflüstert worden sein.

Welche Verachtung steht hinter dieser Interpretation! Verdummt und getäuscht können die Massen gar kein eigenes Verhalten haben. Nur von Zeit zu Zeit gesteht man ihnen eine revolutionäre Spontaneität zu, die sie die »Rationalität ihres eigenen Wunsches« ahnen lässt – das ja, aber Gott schützt uns mit ihrem Schweigen und mit ihrer Trägheit. Nun müsste diese Gleichgültigkeit aber gerade in ihrer *positiven* Brutalität analysiert werden, statt sie einer weißen Magie, einer magischen Entfremdung zuzuschreiben, unter deren Einfluss die Massen immer von ihrer revolutionären Berufung abgelenkt würden.

Aber wie kommt es eigentlich, dass diese Ablenkung gelingt? Darf man fragen, wie sich die seltsame Tatsache erklärt, dass es nach mehreren Revolutionen, nach ein oder zwei Jahrhunderten politischer Lehre trotz der Zeitungen, trotz der Gewerkschaften, der Parteien, der Intellektuellen, trotz aller Energien, die auf die Erziehung und Mobilisierung des Volkes verschwendet wurden, immer noch tausend Leute gibt (und in zehn oder zwanzig Jahren unverändert geben wird), die aufstehen und sich empören, während zwanzig Millionen »passiv« bleiben – und nicht nur das, sondern ganz unverblümt mit bestem Gewissen und größter Freude, ohne sich überhaupt nach dem Wieso zu fragen, das Fußballspiel einem menschlichen und politischen Drama vorziehen? Seltsam, dass diese Feststellung die Analyse nie ins Wanken gebracht hat, ja sie im Gegenteil in der Vision von einer allmächtig manipulierenden Macht auf der einen und einer im unerklärlichen Koma dahinsiechenden Masse auf der anderen Seite bestärkt hat. Aber nichts davon ist wahr, beide Behauptungen sind trügerisch: Die Macht manipuliert nichts, und die Massen sind weder verdummt noch getäuscht. Der Macht ist es nur recht, wenn sie den schwarzen Peter auf den Fußball abschieben oder gar selbst die diabolische Verantwortung der Massenverdummung auf sich nehmen kann. Das schmeichelt ihr in ihrer Illusion, tatsächlich die Macht innezuhaben, und lenkt von der weit gefährlicheren Tatsache ab, dass die Gleichgültigkeit der Massen deren ureigene und einzige Praxis ist, dass es keine anderen Ideale zu erfinden gibt, und dass daran nichts zu beklagen, aber alles zu analysieren ist: zu analysieren als nackte Tatsache der kollektiven Retorsion und der Weigerung, an den doch so lichten Idealen, die man ihnen anbietet, teilzuhaben.

Darum geht es den Massen nicht. Besser, man nimmt das zur Kenntnis und gesteht sich ein, dass jede Erwartung einer Revolution, jede Hoffnung auf das Soziale und auf gesellschaftliche Veränderung bisher nur dank dieser Verschleierung, dank dieser phantastischen Verleugnung hat funktionieren können. Besser, man fängt wieder von vorn an und geht, wie Freud es im Bereich des Psychischen getan hat, von jenem Rest, dem blinden Bodensatz, dem Sinnabfall, dem Unanalysierten und vielleicht Unanalysierbaren aus (es hat seinen guten Grund, weshalb diese kopernikanische Wendung im politischen Universum nie vollzogen wurde – weil nämlich die gesamte politische Ordnung dabei Federn lassen müsste).[2]

Größe und Dekadenz des Politischen

Das Politische und das Soziale erscheinen uns, zumindest seit der Französischen Revolution, wie Zwillingskonstellationen, die unter dem (determinierenden oder auch nicht determinierenden) Zeichen des Ökonomischen untrennbar miteinander verbunden sind. Für uns Heutige allerdings stimmt das sicher nur unter dem Aspekt ihres simultanen Niedergangs.

Als sich das Politische zur Zeit der Renaissance aus der religiösen und kirchlichen Sphäre erhob, um sich in Machiavelli zu verkörpern, war es zunächst nur ein reines Zeichenspiel, eine reine Strategie, die sich mit keiner sozialen oder historischen »Wahrheit« befrachtete, sondern im Gegenteil auf die Abwesenheit von Wahrheit setzte (wie später die weltliche Strategie der Jesuiten auf die Abwesenheit Gottes). Der politische Raum siedelt sich zunächst auf derselben Ebene an, wie der des mechanistischen Renaissancetheaters oder auch der perspektivische Raum der Malerei, der zur gleichen Zeit erfunden wurde. Die Form ist die eines Spiels, nicht die eines Repräsentationssystems – Semiurgie und Strategie, nicht Ideologie –, es geht um Virtuosität, nicht um die Wahrheit (genau wie beim subtilen und konsequenten Spiel im *Klugen Weltmann* von Balthasar Gracián). Genau darin liegen der Zynismus und die Immoralität der machiavellistischen Politik: nicht in der skrupellosen Verwendung der Mittel, wie es gewöhnlich verstanden wird, sondern in der Ungeniertheit hinsichtlich der Ziele. Nun zeigt sich aber – und das hat Nietzsche ganz richtig erkannt – in dieser Missachtung jeder sozialen, psychologischen oder historischen Wahrheit, in dieser Übung mit reinen Simulacren, das heißt überall dort, wo das Politische noch ein Spiel ist und sich noch keine Begründung zugelegt hat, ein Maximum an politischer Energie.

Seit dem 18. Jahrhundert, und insbesondere seit der Französischen Revolution macht das Politische eine entscheidende Wandlung durch. Es stellt einen sozialen Bezug her, es wird vom Sozialen eingenommen. Zugleich geht es in den Bereich der Repräsentation über, sein Spiel wird beherrscht von repräsentativen Mechanismen (das Theater entwickelt sich parallel: es wird zum repräsentativen Theater; das gleiche gilt für den perspektivischen Raum: was zunächst Maschinerie war, wird ein Ort, in den sich eine Wahrheit des Raums und der Repräsentation einschreibt). Auf der politischen Bühne wird nun ein fundamentales Signifikat angesprochen: das Volk, der Wille des Volkes usw. Man arbeitet nicht mehr mit bloßen Zeichen, sondern mit Sinn – und schon ist die Politik gezwungen, dieses Reale, das sie zum Ausdruck bringt, bestmöglich zu bezeichnen, gezwungen, transparent zu werden, eine Moral zu entwickeln und dem gesellschaftlichen Ideal einer guten Repräsentation zu entsprechen. Allerdings sollten sich die rein politische Sphäre und jene Kräfte, die sich in ihr spiegeln – das Soziale, das Historische, das Ökonomische –, noch lange Zeit die Waage halten. Dieses Gleichgewicht entspricht sicherlich dem Goldenen Zeitalter der bürgerlichen Repräsentativsysteme (im Zeichen der Verfassungsmäßigkeit: England im 18. Jahrhundert, die Vereinigten Staaten von Amerika, das Frankreich der bürgerlichen Revolutionen, das Europa von 1848).

Erst die aufeinander folgenden Entwicklungsstufen des marxistischen Denkens leiten das Ende des Politischen und dessen spezifischer Energie ein. Damit beginnt die endgültige Hegemonie des Sozialen und des Ökonomischen, das heißt, das Politische muss von nun an als legislativer, institutioneller und exekutiver Spiegel des Sozialen dienen. Die Autonomie des Politischen verhält sich umgekehrt proportional zur wachsenden Hegemonie des Sozialen.

Das liberale Denken lebt immer noch von einer Art nostalgischen Dialektik des Sozialen und Politischen, während das sozialistische Denken, das revolutionäre Denken am Ende der Geschichte, in der endgültigen Transparenz des Sozialen, ganz offen eine Auflösung des Politischen postuliert.

Das Soziale hat den Sieg davongetragen. Aber was geschieht bei diesem Grad an Generalisierung, an Sättigung, wo vom Politischen nur noch der Nullpunkt übrigbleibt, was wird an diesem Punkt der absoluten Referenz, der Omnipräsenz und Diffraktion in allen Interstitien des physischen und geistigen Raums aus dem Sozialen selbst? Alles kündigt sein Ende an: Die Energie des Sozialen kehrt sich um, seine Spezifizität verliert sich, seine historische Besonderheit und seine Idealität erschöpfen sich zugunsten einer Konfiguration, in der sich nicht nur das Politische verflüchtigt, sondern auch das Soziale selbst keinen Namen mehr hat. Es ist anonym. DIE MASSE. DIE MASSEN.

Die schweigende Mehrheit

Ausgehend von einem rein strategischen Spiel hat sich das Politische zunächst an ein Repräsentationssystem und schließlich an das heutige Szenario der Neo-Darstellung verloren, das heißt, an ein sich perpetuierendes System unter der Herrschaft der immer gleichen vervielfältigten Zeichen, die aber nichts mehr repräsentieren und in keiner »Realität« oder realen sozialen

Substanz mehr ein »Äquivalent« haben. Es gibt keine politische Investitur mehr, weil es nicht einmal mehr einen sozialen Referenten im klassischen Sinne gibt (ein Volk, eine Klasse, ein Proletariat, objektive Bedingungen), der wirksamen politischen Zeichen Kraft verleihen könnte. Es ist schlicht und einfach kein soziales Signifikat mehr da, um einem politischen Signifikanten Kraft zu geben.

Der einzige noch funktionierende Referent ist die schweigende Mehrheit. Alle derzeitigen Systeme funktionieren dank dieser nebulösen Einheit, dank dieser verschwommenen Substanz, deren Existenz nicht mehr sozial, sondern nur noch statistisch ist, und die nur in Form von Umfragen auftaucht. Eine Simulation am Horizont des Sozialen oder vielmehr an jenem Horizont, von dem das Soziale bereits verschwunden ist.

Dass die schweigende Mehrheit (oder die Masse) ein imaginärer Referent ist, bedeutet nicht, dass es sie nicht gäbe. Es bedeutet nur, dass *von ihr keine Repräsentation mehr möglich ist.* Die Massen sind kein Bezugsobjekt mehr, weil sie der Ordnung der Repräsentation nicht mehr angehören. Sie drücken sich nicht aus, sie werden befragt. Sie denken nicht nach, sie werden getestet. Das Referendum (und die Medien sind ein Dauerreferendum mit gesteuerten Fragen und Antworten) ist an die Stelle des politischen Referenten getreten. Nun haben aber Umfragen, Tests, Volksabstimmungen oder Medien keine repräsentative, sondern nur noch eine simulative Dimension. Sie sind nicht mehr auf einen Referenten ausgerichtet, sondern auf ein Modell. Das bedeutet eine totale Revolution aller Dispositive der klassischen Sozialität, zu deren Instrumenten auch die Wahlen, die Institutionen, die Repräsentationsinstanzen und sogar die Repression gehören: Bei alledem läuft der soziale Sinn von einem Pol zum anderen, innerhalb einer dialektischen Struktur, die Raum für politische Ziele und für Widersprüche lässt.

Die Dispositive der Simulation sind ganz andere. Bei dem Paar Umfrage/schweigende Mehrheit beispielsweise gibt es weder Pole noch differenzierende Begriffe, also auch keine soziale Elektrizität mehr: Sie ist kurzgeschlossen, durch die Vermischung der Pole in einem totalen Kreislauf ohne Kennzeichen gefangen. Die ideale Form der Simulation besteht in der Auflösung der Pole, der orbitalen Zirkulation der Modelle (das ist auch die Matrix jedes implosiven Prozesses).

Bombardiert mit Stimuli, Botschaften und Tests, sind die Massen nur noch eine undurchsichtige, blinde Schicht, ähnlich dem Gasnebel um die Sterne, den man nur durch die Analyse des Lichtspektrums kennt – eines Spektrums von Strahlen, das dem der Statistiken und Umfragen entspricht –, aber das ist es ja gerade: Es kann sich nicht mehr um Ausdruck oder Repräsentation handeln, sondern nur noch um die Simulation eines auf immer unausdrücklichen und unausgedrückten Sozialen. Das ist der Sinn ihres Schweigens. Aber dieses Schweigen ist paradox. Es ist kein Schweigen, das nicht spricht, es ist ein Schweigen, das *verbietet, in seinem Namen zu sprechen*. Und in diesem Sinne ist es alles andere als eine Form der Entfremdung; es ist eine absolute Waffe.

Von niemandem kann behauptet werden, er repräsentiere die schweigende Mehrheit: Das ist ihre Rache. Die Massen sind keine Instanz mehr, auf die man sich berufen könnte wie einst auf die Klasse oder auf das Volk. Zurückgezogen in ihr Schweigen sind sie kein Subjekt mehr (vor allem kein Subjekt der Geschichte), folglich können sie auch nicht mehr gesagt, ausgedrückt oder repräsentiert werden, noch können sie die politische »Spiegelstufe« und den Zyklus der imaginären Identifikationen durchlaufen. Man sieht, welche Macht sich daraus ergibt: Da die Massen kein Subjekt mehr sind, *können sie nicht mehr entfremdet sein* – weder in ihrer eigenen Sprache (die sie nicht haben), noch in irgendeiner anderen, die für sie zu sprechen behauptet. Das ist das Ende der revolutionären Hoffnungen. Denn diese haben immer mit der Möglichkeit spekuliert, die Massen könnten sich, genau wie die Arbeiterklasse, als solche selbst aufheben. Aber die Masse ist weder ein Ort der Selbstaufhebung noch ein Ort der Explosion, sondern ein Ort der Absorption und der Implosion.

Sie ist unzugänglich für die Muster der Befreiung, der Revolution und der Historizität, aber das ist ihre Art der Verteidigung, ihre eigene Art der Retorsion. Als Modell der Simulation und als imaginärer Referent einer politischen Phantom-Klasse, die schon jetzt nicht mehr weiß, welche Art »Macht« sie über die Massen ausübt, sind die letzteren zugleich der Tod, das Ende dieses politischen Prozesses, der sie regieren sollte. In ihnen geht das Politische als Wille und als Repräsentation zugrunde.

Lange Zeit sah es so aus, als beruhe die Strategie der Macht auf der Apathie der Massen. Je passiver die Massen, umso sicherer war die Macht. Aber diese Logik charakterisiert nur deren bürokratische und zentralistische Phase. Heute kehrt sie sich gegen die Macht um: Die Trägheit, die ihr einst Nahrung gab, wird zum Zeichen ihres eigenen Todes. Darum versucht sie, die Strategien auf den Kopf zu stellen: von der Passivität zur Mitbestimmung, vom Schweigen zum gesprochenen Wort. Aber es ist zu spät. Die Schwelle der »kritischen Masse«, der durch Trägheit veranlassten Involution des Sozialen, ist bereits überschritten.[3]

Überall versucht man, die Massen zum Sprechen zu bringen, man drängt sie, sozial gegenwärtig zu sein, ob als Wähler, gewerkschaftlich, sexuell, bei der Mitbestimmung, auf Festen oder in der freien Meinungsäußerung. Man muss das Gespenst beschwören, damit es seinen Namen sagt. Nirgendwo zeigt sich deutlicher, dass unser einzig wirkliches Problem heute im Schweigen der Masse, im Schweigen der schweigenden Mehrheit besteht.

Alle Energien erschöpfen sich in den Bemühungen, diese Masse in gesteuerter Emulsion zu halten und zu verhindern, dass sie in ihre panische Trägheit, in ihr Schweigen zurückfällt. Da sie nicht mehr vom Willen und der Repräsentation regiert wird, unterliegt sie der Diagnostik, der reinsten Wahrsagerei – daher die universelle Herrschaft der Information und der Statistik: Man muss die Masse auskultieren, sie erahnen, ihr irgendein Orakel entlocken. Daher die fieberhaften Bemühungen, die Werbung, die Fürsorge, die ihr zuteil werden. Daher die aus der Resonanz abgeleiteten Vorhersagen, daher die Effekte der Antizipation und des vorgetäuschten Massenhorizonts: »Das französische Volk glaubt ... Die Mehrheit der Deutschen lehnt es ab ... Ganz England zittert bei der Geburt des Prinzen ...« – ein Spiegel, der einem immer blinden, immer ausbleibenden Wiedererkennen vorgehalten wird.

Daher das ganze Bombardement mit Zeichen, die von der Masse wie ein Echo zurückgegeben werden sollen. Man befragt sie mit Hilfe konvergierender Wellen, mit Hilfe von Strahlen oder linguistischen Reizen, genau wie die fernen Sterne oder die Atomkerne, die im Zyklotron mit Elementarteilchen bombardiert werden. Das ist Information. Nicht etwa eine Art von Kommunikation oder ein Sinn, sondern ein Verfahren der ununterbrochenen Emulsion, des ständigen Input-Output und der kontrollierten Kettenreaktionen, genau wie in den atomaren Simulationskammern. Man muss die »Energie« der Masse freisetzen, um sie in »Soziales« zu verwandeln.

Aber das Ganze ist ein widersprüchlicher Prozess, denn in welcher Form auch immer Informationen oder Sicherheit geboten werden, schaffen oder vertiefen sie keine »sozialen Beziehungen«, sondern lösen entropische Prozesse aus, Versionen vom Ende des Sozialen.

Man glaubt, man könne die Massen strukturieren, indem man ihnen Informationen einimpft, man glaubt, man könne ihre gefangene soziale Energie kraft der Information und der Botschaften freisetzen (heute bemisst sich die Sozialisation weniger am institutionellen Raster, sondern eher an der Quantität der Information und an dem Platz, den die Medien ihr einräumen). In Wirklichkeit geschieht genau das Gegenteil. Statt die Masse in Energie zu verwandeln, produziert die Information immer mehr Masse. Statt, wie sie vorgibt, zu informieren, das heißt statt Gestalt und Strukturen zu vermitteln, neutralisiert sie das »soziale Feld« in zunehmendem Maße, sie schafft immer mehr träge Masse, die sich gegenüber den klassischen Institutionen des Sozialen, wie auch gegenüber den Inhalten der Information selbst, als undurchlässig erweist. Der Spaltung der symbolischen Strukturen durch das Soziale und seine rationale Gewalt folgt heute die Spaltung des Sozialen selbst durch die »irrationale« Gewalt der Medien und der Information – wobei das Endergebnis eben die atomisierte, nuklearisierte, molekularisierte Masse ist, das Ergebnis von zwei Jahrhunderten beschleunigter Sozialisation, das dem Sozialen ein unwiderrufliches Ende setzt.

Die Masse ist nur deshalb Masse, weil ihre soziale Energie bereits erkaltet ist. Ein kalter Grundstock, der in der Lage ist, jede Wärmeenergie zu absorbieren und zu neutralisieren. Wie jene halbtoten Systeme, in die man mehr Energie eingibt, als man herausbekommt, wie jene erschöpften Ressourcen, die man um jeden Preis im Zustand einer künstlichen Ausbeutung erhält.

Es wird unerhört viel Energie verschwendet, um den tendenziellen Fall der politischen Investitionsrate und die absolute Zerbrechlichkeit des sozialen Realitätsprinzips zu bemänteln, um die Simulation des Sozialen aufrechtzuerhalten und sie an der totalen Implosion zu hindern – ein Aufwand, in dem das System versinkt.

Im Grunde verhält es sich mit dem Sinn genau wie mit der Ware. Lange Zeit konnte sich das Kapital mit der Warenproduktion begnügen, der Konsum lief von allein. Heute muss man Konsumenten produzieren, man muss die Nachfrage als solche produzieren, und diese Produktion ist unendlich viel teurer als die der Waren (das Soziale wurde zum großen Teil, vor allem seit 1929, aus der Absatzkrise geboren: Die Produktion der Nachfrage entspricht weitgehend der Produktion des Sozialen selbst).[4] Ähnlich konnte sich die Macht lange Zeit damit begnügen, Sinn zu produzieren (politischen, ideologischen, kulturellen, sexuellen Sinn), die Nachfrage hielt Schritt, sie absorbierte oder übertraf das Angebot. Kaum fehlte es an Sinn, erboten sich sämtliche Revolutionäre, noch mehr davon zu produzieren. Heute hat sich alles geändert: Es fehlt nicht mehr an Sinn, er wird überall und immer reichlicher produziert, aber die Nachfrage versagt. Und *die Produktion dieser Nachfrage nach Sinn* ist entscheidend für das System geworden. Ohne Nachfrage, ohne Aufnahmebereitschaft, ohne eine minimale Beteiligung der Massen am Sinn, ist die Macht nur noch ein leeres Simulacrum, ein einsamer perspektivischer Effekt. Nun ist aber auch hier die Produktion der Nachfrage unendlich viel teurer als die Sinnproduktion selbst. Im äußersten Fall ist sie sogar unmöglich, denn irgendwann reichen die versammelten Energien des Systems nicht mehr aus. Die Nachfrage nach Gegenständen oder Dienstleistungen kann zu einem zwar hohen, aber doch erschwinglichen Preis immer künstlich produziert werden, das hat das System gezeigt. Wenn dagegen der Wunsch nach Sinn fehlt, wenn der Wunsch nach Realität überall versagt, kann dieser Mangel nicht gestopft werden: Er stellt einen endgültigen Abgrund dar.

Die Masse absorbiert alle soziale Energie, ohne irgendetwas davon zu reflektieren. Sie absorbiert alle Zeichen und allen Sinn, gibt aber nichts zurück. Sie absorbiert alle Botschaften und verdaut sie.[5] Auf alle ihr gestellten Fragen gibt sie eine tautologische und zirkuläre Antwort. Sie beteiligt sich nie. Von Strömen und Tests durchzogen, *bildet sie Masse* und begnügt sich damit, als guter Leiter zu funktionieren: als guter Leiter der Ströme, aber aller Ströme, als guter Leiter der Information, aber jeglicher Information, als guter Leiter der Normen, aber sämtlicher Normen. So verweist sie das Soziale auf seine absolute Transparenz, lässt die Effekte des Sozialen und der Macht wie verschwommene Konstellationen um einen unfassbaren Kern kreisen.

Die Masse schweigt, wie Tiere schweigen, und ihr Schweigen entspricht dem der Tiere. Man kann sie zu Tode befragen (das ständige Ausquetschen und die Befeuerung mit Informationen erinnern an die qualvollen Tierexperimente in Laboratorien), sie sagt weder, wo die Wahrheit zu finden sei, ob links oder rechts, noch was sie vorzieht: Revolution oder Repression? Sie ist ohne Wahrheit und ohne Vernunft. Man mag ihr noch so schöne künstliche Reden in den Mund legen – sie ist ohne Bewusstsein und ohne Unbewusstes.

Dieses Schweigen ist unerträglich. Es ist die große Unbekannte der politischen Gleichung, die Unbekannte, die alle politischen Gleichungen hinfällig macht. Alle Welt befragt dieses Schweigen, jedoch nie in seiner Eigenschaft als Schweigen, sondern immer nur, um es zum Sprechen zu bringen. Doch worin die Macht der trägen Masse besteht, ist nicht zu ergründen: Keine Umfragen, keine Sondierungen werden es je zum Vorschein bringen, denn sie selbst sind ja da, um es auszulöschen. Es ist ein Schweigen, das alles Politische und Soziale in jene Hyperrealität abgleiten lässt, die wir nur allzu gut kennen. Denn wenn das Politische versucht, die Massen in einem Echoraum der sozialen Simulation (Medien, Information, usw.) einzufangen, kehren die Massen das Spiel um und verwandeln sich selbst in den Echoraum einer gigantischen Simulation des Sozialen. Manipulation hat es nie gegeben. Beide Seiten haben mit gleichen Waffen gekämpft, und niemand könnte sagen, wer heute der Sieger ist: die von der Macht über die Massen ausgeübte Simulation oder die umgekehrte Simulation, in der die Massen die Macht versinken lassen.

Weder Subjekt noch Objekt

Die Masse (die nur an dem Punkt existiert, an dem alle sie beschreibenden Medienwellen zusammenlaufen) verwirklicht das Paradox, zugleich Objekt und Subjekt der Simulation zu sein, so dass sie in der Lage ist, alle Modelle zu brechen und sie auf dem Weg der Hypersimulation (ihres Hyperkonformismus, der immanenten Form des Humors) umzukehren.

Die Masse verwirklicht das Paradox, kein Subjekt, kein Gruppensubjekt, aber auch kein Objekt zu sein. Alle Bemühungen, sie zu einem (realen oder mythischen) Subjekt zu machen, scheitern an der offensichtlichen Unmöglichkeit einer autonomen Bewusstseinsbildung. Alle Bemühungen, sie zum Objekt zu machen, um sie nach objektiven Gesetzen wie Rohmaterial behandeln und analysieren zu können, scheitern an der umgekehrten, ebenso offensichtlichen Unmöglichkeit einer determinierten Massenmanipulation oder eines Verständnisses in Begriffen von Elementen, Beziehungen, Strukturen und Gesamtheiten. In der Masse geht jede Manipulation unter; absorbiert, aus der Bahn geworfen und verdreht, wirbelt sie in der Masse herum. Niemand weiß, wo sie bleibt, höchstwahrscheinlich aber erschöpft sie sich in einem endlosen Kreislauf und vereitelt alle Absichten der Manipulatoren. Keine Analyse ist in der Lage, diese diffuse, dezentrierte, »brownsche«, molekulare Realität zu definieren: In ihr verliert sich der Objektbegriff gleichsam am Horizont der Mikrophysik in der ultimativen Analyse der »Materie« – unmöglich, diese letztere an der infinitesimalen Grenze, wo das Subjekt der Beobachtung selbst aufgehoben wird, als Objekt zu erfassen. Hier gibt es kein Objekt der Erkenntnis, kein Subjekt der Erkenntnis mehr.

Die Masse schafft die gleiche unlösbare Grenzsituation im »sozialen« Feld. Sie ist nicht mehr objektivierbar (in politischen Begriffen: Sie ist nicht mehr repräsentierbar) und setzt alle Subjekte außer Kraft, die vorgeben, sie zu erfassen (in politischen Begriffen: Sie entzieht sich all denen, die behaupten, sie zu repräsentieren). Auskunft geben allein die Umfragen und statistischen Ermittlungen (wie das Gesetz der großen Zahlen oder die Wahrscheinlichkeitsrechnung in der mathematischen Physik); aber bekanntlich haben diese Beschwörungsformeln, diese meteorischen Rituale der Umfragen und Statistiken kein reales Objekt, vor allem nicht in den Massen, denen sie Ausdruck verleihen sollen. Sie simulieren nur ein Objekt, das sich ihnen entzieht, dessen Abwesenheit jedoch unerträglich ist. Sie »produzieren« es in Form antizipierter Antworten und zirkulärer Signale, die seine Existenz zu umschreiben und seinen Willen zu bezeugen scheinen. Verschwimmende Zeichen – das sind die Umfragen –, kurzlebige, zur Manipulation bestimmte Zeichen, deren Schlüsse austauschbar sind. Jeder kennt die tiefe Ungewissheit, die im Bereich der Statistiken herrscht (auch die Wahrscheinlichkeitsrechnung oder das Gesetz der großen Zahlen entsprechen einer Ungewissheit, einem »verschwommenen« Begriff von der Materie, der kaum noch die Voraussetzung eines »objektiven Gesetzes« erfüllt).

Es ist übrigens gar nicht gesagt, dass die experimentellen Verfahrensweisen der sogenannten exakten Wissenschaften sehr viel näher an die Wahrheit herankommen als Umfragen und Statistiken. In welcher Disziplin auch immer, die Form der kodifizierten, gesteuerten, »objektiven« Erforschung lässt nie Raum für etwas anderes, als für jenen zirkulären Typus der Wahrheit, von dem das gemeinte Objekt selbst ausgeschlossen ist. Auf jeden Fall kann man annehmen, dass die Bemühungen um eine objektive Determinierung der Welt in ihren Ergebnissen vollkommen ungewiss bleiben, und dass sogar die Materie und das Leblose, denen in den Naturwissenschaften nach den gleichen Prinzipien und mit den gleichen Verfahrensweisen eine Antwort abgerungen wird wie in Umfragen und Statistiken den Massen und dem »sozial« Lebenden, mit der gleichen unerschütterlichen Konformität die gleichen konformen Signale, die gleichen kodifizierten Antworten zurücksenden, um sich letztlich genau wie die Massen jeder Definition als Objekt zu entziehen.

So gäbe es eine phantastische Ironie der »Materie« und jedes anderen Gegenstands der Wissenschaft, wie es eine phantastische Ironie der Massen in ihrem Mutismus, ihrem konformen statistischen Diskurs gibt; eine Ironie, die mit der ewigen Ironie der Weiblichkeit bei Hegel vergleichbar wäre – die Ironie einer falschen Treue, einer Übertreue gegenüber dem Gesetz, einer Simulation von Passivität und eines letztlich undurchdringlichen Gehorsams; eine Ironie, die nach dem unsterblichen Beispiel des braven Soldaten Schwejk zurückschlägt, indem sie die herrschenden Gesetze aufhebt.

Es müsste sich also im buchstäblichen Sinne eine *'Pataphysik* oder eine Wissenschaft der imaginären Lösungen entwickeln, eine Wissenschaft von der Simulation und der Hypersimulation einer exakten, wahren, objektiven Welt mit universellen Gesetzen, einschließlich dem Wahn derer, die sie nach selbigen Gesetzen interpretieren. Für uns wären die Massen und ihr unfreiwilliger Humor eine Einführung in die

’Pataphysik des Sozialen, die uns die ganze lästige Metaphysik des Sozialen endlich vom Hals schaffen würde.

Das widerspricht zwar jeder herkömmlichen Vorstellung von der Wahrheitsfindung, aber vielleicht ist diese nur eine Sinnillusion. Der Wissenschaftler kann nicht glauben, dass die Materie oder das Lebende nicht »objektiv« auf die ihnen gestellten Fragen antworten, oder dass sie *zu* objektiv antworten, als dass die Fragen richtig gestellt sein könnten. Schon die Hypothese scheint ihm absurd und undenkbar. Er wird sie nie aufstellen. Er wird den simulierenden Hexenkessel seiner Fragestellung nie verlassen.

Die gleiche Hypothese, das gleiche *Axiom der Glaubwürdigkeit* gilt für alle anderen Bereiche. Der Werbemann kann nicht nicht glauben, dass die Leute an seine Werbung glauben – und sei es nur ein ganz klein wenig; das heißt, er muss glauben, dass die Botschaft zumindest mit minimaler Wahrscheinlichkeit ihr Ziel erreicht und ihrem Sinn gemäß entziffert wird. Hier ist jedes Prinzip der Ungewissheit ausgeschlossen. Würde sich herausstellen, dass die Wirkung der Botschaft auf den Adressaten gleich Null ist, bräche die Werbung augenblicklich zusammen. Sie lebt ausschließlich von dem Vertrauen, das sie in sich selbst setzt (es ist die gleiche Wette, wie die der Wissenschaft in Hinblick auf die Objektivität der Welt), einem Vertrauen, das sie aus lauter Angst, die umgekehrte Hypothese könne ebenso wahr sein, gar nicht erst zu überprüfen sucht. Sie erspart sich den Gedanken, dass die überwiegende Mehrheit der Werbebotschaften vielleicht nie bei ihren Adressaten ankommt, dass die Leser Inhalte, die sich im Leeren brechen, nicht mehr unterscheiden – dass nur das Medium als atmosphärischer Effekt funktioniert und nur als Schauspiel oder Faszination seine Wirkung tut. THE MEDIUM IS THE MASSAGE, prophezeite McLuhan: ein charakteristischer Spruch für die heutige, die »coole« Phase jeder Massenmedienkultur, die Phase einer Abkühlung, einer Neutralisierung aller Botschaften im leeren Äther. Die Phase einer Sinnerstarrung. Das kritische Denken urteilt und wählt aus, es produziert Unterschiede, mittels der Selektion wacht es über den Sinn. Die Massen dagegen treffen keine Wahl, sie produzieren keinen Unterschied, sondern Unterschiedslosigkeit – sie bewahren die Faszination des Mediums, die sie dem kritischen Anspruch der Botschaft vorziehen. Denn die Faszination erwächst nicht aus dem Sinn, sie verhält sich proportional zur Sinnentleerung. Sie entsteht, indem sie die Botschaft zugunsten des Idols, die Wahrheit zugunsten des Trugbilds neutralisiert. Auf dieser Ebene funktionieren die Medien. Die Faszination ist ihr Gesetz, darin besteht ihre spezifische Gewalt; eine massive Gewalt, die dem Sinn angetan wird, die jede über den Sinn vermittelte Kommunikation zugunsten einer anderen Kommunikationsweise negiert. Aber welcher?

Eine Hypothese, die uns unhaltbar erscheint: dass es möglich sei, *außerhalb des Sinn-Mediums* zu kommunizieren, dass die Intensität der Kommunikation selbst mit der Resorption des Sinns und dessen Zusammenbruch einhergeht. Denn es ist weder der Sinn noch der Überschuss an Sinn, der heftigen Spaß bereitet; das Faszinierende ist seine Neutralisierung (siehe die Gedanken zum *Witz* in *Der symbolische Tausch und der Tod*[6]). Und dies nicht aus irgendeinem Todestrieb heraus, was unterstellen würde, das Leben sei noch auf der Seite des Sinns, sondern schlicht und einfach aus Lust an der Herausforderung, aus allergischer Abneigung gegen die Referenz, die Botschaft, den Code und sämtliche Kategorien der linguistischen Analyse, aus der Nichtanerkennung all dessen allein zugunsten der Implosion des Zeichens in der Faszination (es gibt keinen Signifikanten und kein Signifikat mehr: die Pole der Bedeutung sind resorbiert). Keiner der Sinn-Wächter will etwas davon wissen: Die ganze Moral des Sinns erhebt sich gegen die Faszination.

Auch die politische Sphäre lebt ausschließlich von einer Hypothese der Glaubwürdigkeit, von der Unterstellung, die Massen wären zugänglich für die Aktion und den Diskurs, sie hätten eine Meinung, sie stünden tatsächlich hinter den Umfragen und Statistiken. Nur um diesen Preis kann die politische Klasse noch glauben, dass sie selbst spricht und politisch gehört wird. In Wirklichkeit fungiert das Politische schon seit langer Zeit nur noch als Schauspiel auf dem Bildschirm des Privatlebens. Es wird verdaut wie eine halb sportliche, halb spielerische Zerstreuung (siehe die Gewinntickets bei den US-amerikanischen Wahlen oder die Wahlabende im Radio oder im Fernsehen), wie die zugleich faszinierenden und lächerlichen alten Sittenkomödien. Das Spiel mit den Wahlen hat sich im Bewusstsein des Volkes schon längst den Fernsehspielen hinzugesellt. Und dieses Bewusstsein, das der politischen Repräsentation immer als Alibi und Statist gedient hat, rächt sich nun, indem es sich die *theatralische* Repräsentation der politischen Bühne und ihrer Akteure zu Gemüte führt. Das Volk ist zum *Publikum* geworden. Fußball, Filme oder Comics dienen als Wahrnehmungsmodelle für die politische Sphäre. Bei der täglichen Lektüre der Umfragen genießt das Volk sogar die Schwankungen seiner eigenen Meinung wie ein Heimkino. Nichts von alledem verpflichtet zu irgendeiner Verantwortung. In keinem Moment sind die Massen bewusst politisch oder historisch engagiert. Sie waren es immer nur im Zustand völliger Unverantwortlichkeit, immer nur, um ihre Haut zu lassen. Und das ist keine Flucht vor dem Politischen, sondern der Effekt eines unauflöslichen Antagonismus zwischen der Klasse (Kaste?), die als Trägerin des Sozialen, des Politischen, der Kultur, als Herrscherin über die Zeit und die Geschichte auftritt, und der ungestalten, residualen, sinnentleerten Masse. Die eine versucht unentwegt, die Herrschaft des Sinns zu perfektionieren, das Feld des Sozialen zu besetzen und zu sättigen, während die andere ebenso unentwegt damit beschäftigt ist, alle Sinneffekte abzulenken, zu neutralisieren oder zu zerschlagen. Und dieser Kampf geht anders aus, als man vermutet.

Man sieht es etwa an der Umkehrung der Werte von Geschichte und Alltäglichem, von öffentlicher Sphäre und Privatsphäre. Bis in die 1960er Jahre spielte die Geschichte die erste Geige: das Private, das Alltägliche war nur die dunkle Rückseite der politischen Sphäre. Bestenfalls konnte man eine Dialektik zwischen beiden beobachten und annehmen, eines Tages werde das Alltägliche genau wie das Individuelle jenseits der Geschichte im Universellen erstrahlen. Bis dahin jedoch konnte man den Rückzug der Massen auf ihre häusliche Sphäre, ihre Ablehnung der Geschichte, der Politik und des Universellen, ihre Absorption im stumpfen Konsumalltag nur beklagen (zum Glück arbeiten die Massen, wodurch sie bis zum Tag der großen Bewusstwerdung wenigstens einen »objektiven« historischen Status bewahren). Heute haben die erste und die zweite Geige ihre Plätze getauscht: Man erkennt allmählich, dass das Alltägliche, die Menschen in all ihrer Banalität, nicht zwangsläufig die bedeutungslose Rückseite der Geschichte sind – besser noch: dass der Rückzug ins Privatleben durchaus *eine direkte Herausforderung des Politischen*, eine Form des aktiven Widerstands gegen die politische Manipulation sein könnte. Die Rollen kehren sich um: Das banale Leben, das Alltägliche, alles, was man als kleinbürgerlich, abstoßend und (einschließlich der Sexualität) unpolitisch stigmatisiert hatte, gibt nun den

Ton an, während sich die Geschichte und das Politische in ihrer abstrakten Ereignishaftigkeit anderswo abspielen.

Eine schwindelerregende Hypothese. Die entpolitisierten Massen stünden nicht etwa jenseits, sondern diesseits des Politischen. Das Private, das Unsägliche, das Alltägliche, das Bedeutungslose, die kleinen Tricks und Perversionen stünden nicht jenseits, sondern diesseits der Repräsentation. Die Massen wären in der Lage, mit ihrer »naiven« Praxis (und ohne die Analysen über das »Ende des Politischen« auch nur abzuwarten) das Urteil der Aufhebung des Politischen zu fällen. Sie wären spontan transpolitisch, wie sie in ihrer Sprache translinguistisch sind.

Aber Vorsicht! Aus diesem privaten und asozialen Universum, das in keine Dialektik der Repräsentation und der Überwindung zum Universellen passt, aus dieser involutiven Sphäre, die sich jeder Revolution an deren Höhepunkt widersetzt und sich weigert, das Spiel mitzuspielen, würden manche gern eine neue Quelle revolutionärer Energie machen (insbesondere aus der Komponente von Sexualität und Wunsch); so manche würden ihm gern wieder einen Sinn geben und es in seiner ganzen Banalität als historische Negativität wiederherstellen. Eine Erhöhung der Mikro-Wünsche, der kleinen Unterschiede, der blinden Praktiken, der anonymen Randerscheinungen. Ein letzter Aufschrei der Intellektuellen, ein letzter Versuch, die Bedeutungslosigkeit zu rühmen, den Un-Sinn in die Ordnung des Sinns zu befördern. Und ihn der politischen Vernunft zurückzugeben. Die Banalität, die Trägheit, das Apolitische waren faschistisch, nun sollen sie revolutionär werden – ohne ihren Sinn zu ändern, das heißt, ohne aufzuhören, einen Sinn zu haben. Eine Mikro-Revolution der Banalität, Transpolitik des Wunsches – ein letzter Trick der »Befreier«. Die Verleugnung des Sinns ist sinnlos.

Vom Widerstand zum Hyperkonformismus

Das Auftauchen der schweigenden Mehrheiten muss wieder in Zusammenhang mit dem gesamten Kreislauf des historischen und sozialen Widerstands gebracht werden. Des Widerstands gegen die Arbeit natürlich, aber auch gegen die Medizin, gegen die Schule, gegen die Sicherheit, gegen die Information. Die offizielle Geschichte registriert nur den ununterbrochenen Fortschritt des Sozialen und verbannt alles, was – wie die früheren Kulturen – nicht zu diesem glorreichen Tatbestand beiträgt, als barbarische Überreste ins Reich der Finsternis. Nun hat aber der Widerstand gegen das Soziale in all seinen Erscheinungsformen ganz im Gegensatz zu dem, was man glauben möchte (das Soziale habe endgültig gewonnen, die Entwicklung sei irreversibel und der Konsensus *über* das Soziale total), *schnellere Fortschritte gemacht als das Soziale selbst.* Nur hat er andere Formen angenommen als die primitiven und gewaltsamen, die später resorbiert wurden (dem Sozialen geht es gut, danke, es sind nur noch die Verrückten, die nicht schreiben lernen und sich nicht impfen lassen wollen, die sich den Wohltaten der Sicherheit entziehen). Der frontale Widerstand entsprach noch einer Sozialisationsphase, die selbst frontal und gewaltsam war, und er ging von traditionellen Gruppen aus, die ihre eigene Kultur, ihre ursprünglichen Strukturen bewahren wollten. Es war nicht die Masse in ihnen, sondern im Gegenteil, es waren differenzierte Strukturen, die sich dem homogenen und abstrakten Modell des Sozialen widersetzten.

Diesen Typ des Widerstands findet man auch im *two steps flow of communication*, dem Modell des Zweistufenflusses der Kommunikation, das wir aus der amerikanischen Soziologie kennen: Hier stellt die Masse keineswegs eine passive Struktur dar, die aufsaugt, was die Medien an politischen, kulturellen oder Werbebotschaften verbreiten. Weit davon entfernt, eine uniforme, vorgeschriebene Lesart anzuwenden, dekodieren die Kleingruppen oder Individuen die Botschaften auf ihre eigene Weise, fangen sie (mittels ihrer *leader)* ab und transponieren sie (die zweite Stufe), stellen dem herrschenden Code ihre spezifischen Sub-Codes gegenüber und speisen schließlich alles, was ihnen geliefert wird, in ihren eigenen Kreislauf ein, genau wie die Primitiven das westliche Geld in ihre symbolische Zirkulation aufnehmen (so etwa die Siane in Neuguinea), oder wie die Korsen das allgemeine Wahlrecht und die Wahlen selbst ihrer Strategie der Clanrivalitäten einverleiben. Diese Art der Umdeutung, der Absorption, der siegreichen Vereinnahmung des von der herrschenden Kultur verbreiteten Materials durch die Unter-Einheiten ist eine universelle *List*. Sie ist es auch, die den »magischen« Gebrauch der Ärzte und der Medizin durch die »unterentwickelten« Massen ermöglicht. Was gemeinhin auf eine archaische und irrationale Mentalität geschoben wird, muss im Gegenteil als ein offensives Vorgehen, eine Vereinnahmung durch Übertreibung, eine unanalysierte, aber »ohne es zu wissen« doch bewusste Ablehnung der verheerenden Tiefenwirkungen der rationalen Medizin verstanden werden.

Aber auch dies setzt strukturierte Gruppen mit traditioneller Zugehörigkeit und Prägung voraus. Das Scheitern der Sozialisation *an der Masse*, das heißt an einer unzähligen, unbenennbaren anonymen Gruppe, deren Macht sich aus ihrer Destrukturiertheit und ihrer Trägheit selbst ergibt, ist eine ganz andere Sache. So besteht etwa im Fall der Medien der traditionelle Widerstand darin, die Botschaften nach dem der Gruppe eigenen Code umzudeuten und auf die eigenen Ziele auszurichten. Die Massen dagegen akzeptieren alles und verkehren es *en bloc* ins Spektakuläre, ohne Anspruch auf einen anderen Code, ohne Anspruch auf Sinn und im Grunde auch ohne Widerstand, indem sie schlichtweg alles in eine unbestimmte Sphäre gleiten lassen, die nicht einmal die Sphäre des Un-sinns ist, sondern die der Faszination/Manipulation in alle Richtungen.

Man hat immer geglaubt – dies ist die Ideologie der Massenmedien selbst –, dass die Medien die Massen vereinnahmen. Man hat das Geheimnis der Manipulation in einer ausgeklügelten Semiologie der Massenmedien gesucht. Doch bei dieser naiven Kommunikationslogik hat man vergessen, dass *die Massen ein stärkeres Medium sind als alle Medien*, dass sie die Medien vereinnahmen und absorbieren – oder dass es zumindest keine Vorherrschaft der einen über die anderen gibt. Ob Massen oder Medien, der Vorgang ist der gleiche. *Mass(age) is message.*

Das gilt fürs Kino, dessen Erfinder anfangs von einem rationalen, dokumentarischen, informativen, *sozialen* Medium geträumt hatten, das aber sehr schnell und definitiv im Imaginären landete.

Es gilt für die Technik, die Wissenschaft und für das Wissen, allesamt magischen Praktiken und einem »spektakulären« Konsum geweiht. Es gilt auch für den Konsum selbst. Zu ihrem größten Erstaunen haben die Ökonomen den Konsum trotz ihrer ernsthaften »Theorie der Bedürfnisse«, trotz des allgemeinen Konsens im Diskurs der Nützlichkeit, nie rationalisieren können. Die Praxis der Massen hatte nämlich schon sehr bald nichts mehr (und vielleicht nie etwas) mit den Bedürfnissen zu tun. Sie haben dem Konsum eine Dimension von Status und Prestige verliehen, die Dimension der zweckfreien Überbietung oder der Simulation, die Dimension des Potlatch, die in jedem Fall über den Gebrauchswert hinausging. Natürlich versucht man, ihnen von allen Seiten (durch das Sprachrohr der offiziellen Propaganda, der Verbrauchervereinigungen, der Ökologen und der Soziologen) den rechten Gebrauch und die funktionale Kalkulation in Sachen Konsum einzuschärfen, aber es ist hoffnungslos. Denn der Widerstand der Massen läuft über den Wert als Zeichen und dessen hemmungslosen Einsatz (in dem die Ökonomen, selbst wenn sie versuchen, ihn als Variable zu berücksichtigen, immer noch eine Verwirrung der ökonomischen Vernunft sehen): Dadurch *entziehen die Massen der Ökonomie den Boden,* dadurch widerstehen sie dem »objektiven« Imperativ der Bedürfnisse und der Rationalität zielstrebiger Verhaltensweisen. Der Wert als Zeichen gegen den Gebrauchswert, das ist bereits eine Umkehrung der politischen Ökonomie. Und nun sage man nicht, das alles komme im Endeffekt doch nur dem Tauschwert, das heißt dem System zugute. Denn wenn das System mit glänzenden Erfolgen aus diesem Spiel hervorgeht und es sogar begünstigt (die in Gadgets »entfremdeten« Massen usw.), ist das nicht von Dauer, und was durch diese Verschiebung, dieses Abgleiten langfristig eingeleitet wird – und schon begonnen hat –, ist das Ende des Ökonomischen, das durch den exzessiven, magischen, spektakulären, umgekehrten und fast schon parodistischen Gebrauch, den die Massen von ihm machen, von allen seinen rationalen Definitionen abgeschnitten wird. Es ist ein asozialer Gebrauch, resistent gegen jede Pädagogik, gegen jede sozialistische Erziehung – ein abwegiger Gebrauch, durch den die Massen (wir, Sie, alle) schon jetzt auf die andere Seite der politischen Ökonomie gewechselt sind. Die Massen haben weder die kommenden Revolutionen abgewartet noch die Theorien, die behaupten, sie durch eine »dialektische« Bewegung vom Ökonomischen zu »befreien«. Sie wissen, dass man sich von nichts befreit, dass man ein System nur vernichten kann, indem man es in die Hyperlogik treibt, in den Rausch eines exzessiven Gebrauchs, der einer brutalen Amortisierung gleichkommt. »Ihr wollt, dass wir konsumieren – also gut, konsumieren wir, immer mehr und was auch immer; zu jedem unnützen und absurden Zweck.«

Wie die Ökonomie, so auch die Medizin: Der frontale Widerstand (der übrigens nicht verschwunden ist) wurde ersetzt durch eine subtilere Form der Subversion, einen exzessiven, unkontrollierbaren Konsum der Medizin, einen panikartigen Konformismus gegenüber der Gesundheitspflege. Eine phantastische Eskalation des medizinischen Konsums, die vollkommen an den sozialen Zielen und Zwecken der Medizin vorbeigeht. Gibt es ein besseres Mittel, sie zu vernichten? Schon jetzt wissen die Mediziner nicht mehr, was sie tun und was sie sind, weit stärker manipuliert als sie selbst manipulieren.

»Wir wollen alles, Behandlung, Ärzte, Medikamente, Sicherheit, Gesundheit, mehr und immer mehr, grenzenlos!« Entfremdete Massen in der Medizin? Keineswegs: Sie sind im Begriff, deren Institution zu ruinieren, die Sozialversicherungen zur Explosion zu bringen, ja sie bringen das Soziale selbst in Gefahr, indem sie immer mehr von ihm verlangen, wie von einer Ware. Gibt es einen größeren Hohn als diesen Anspruch, das *Soziale* in ein *individuelles* Konsumgut zu verwandeln, das dem Wettbewerb von Angebot und Nachfrage unterworfen ist? Parodie und Paradox: Allein durch ihre Trägheit auf den für sie vorgezeichneten Wegen des Sozialen schießen die Massen über dessen Logik und Grenzen hinaus und zerstören das ganze Gebäude. Eine destruktive Hypersimulation, ein destruktiver Hyperkonformismus (wie im Fall des Centre Beaubourg, das ich an anderem Ort analysiert habe[7]), der in jeder Hinsicht als siegreiche Herausforderung erscheint – niemand kann die Macht dieser Herausforderung, der Umkehrung, mit der sie das ganze System unter Druck setzt, ermessen. Genau darum geht es heute: um diese taube, unausweichliche Auseinandersetzung der schweigenden Mehrheiten mit dem Sozialen, das ihnen aufgezwungen wird, um die Hypersimulation, die das Simulierte doppelt und es nach ihrer eigenen Logik ausrottet – nicht um irgendeinen Klassenkampf, noch um das molekulare Kunterbunt gewisser Minderheiten, denen der Wunsch abhanden gegangen ist.

Masse und Terrorismus

Wir befinden uns also an dem paradoxen Punkt, an dem sich die Massen der Taufe des Sozialen, die zugleich auch die Sinn- und Freiheitstaufe ist, verweigern. Aber machen wir sie nicht zu einem neuen, glorreichen Bezugsobjekt: Sie existieren nicht. Wir sollten nur zur Kenntnis nehmen, dass jegliche Macht schweigend über dieser schweigenden Mehrheit zusammenbricht, die weder eine soziologische Einheit noch eine soziologische Realität ist, sondern der Schatten, den die Macht wirft, die Hohlform des Abgrunds, der sie absorbiert. Ein verschwommener, beweglicher, konformer Nebelfleck, der nur allzu konform allen Bitten entspricht, von einer hyperrealen Konformität, der äußersten Form der Nicht-Beteiligung: Darin besteht die aktuelle Katastrophe der Macht. Darin besteht auch die Katastrophe der Revolution. Denn diese implosive Masse wird *per definitionem* niemals explodieren, und jede revolutionäre Rede wird ebenfalls in ihr implodieren. Also was tun mit diesen Massen? Sie sind das Leitmotiv aller Diskurse. Sie sind die Obsession aller sozialen Projekte, die aber alle an ihnen scheitern, weil sie alle in der klassischen Definition der Massen als eschatologischer Hoffnung des Sozialen und deren Erfüllung verhaftet bleiben. Nun *sind aber die Massen nicht das Soziale,* sie sind die Umkehrung alles Sozialen, die Umkehrung jedes Sozialismus. Gewiss, es gibt genügend Theoretiker, die mit dem Sinn ins Gericht gegangen sind, die Fallstricke der Freiheit und die Verschleierung des Politischen angeprangert, die Rationalität und jede Form der Repräsentation scharf kritisiert haben – doch wenn die Massen mit einer schlafwandlerischen Macht der Verneinung den Sinn, das Politische, die Repräsentation, die Geschichte und die Ideologie durchziehen, wenn sie hier und jetzt all das realisieren, was die radikalste Kritik gerade einmal ins Auge fassen konnte, wissen die Kritiker nicht mehr, was sie damit anfangen sollen und versteifen sich darauf, von einer zukünftigen Revolution zu träumen – einer kritischen Revolution, einer Vorzeigerevolution, der Revolution des Sozialen und des Wunsches. Denn diese, die Revolution durch Involution, ist nicht die ihrige: Sie ist nicht kritisch explosiv, sie ist implosiv und blind. Ihr Verfahren besteht in Trägheit, nicht in frisch-fröhlicher Negativität. Sie ist schweigsam und involutiv – genau das Gegenteil jeder Wortergreifung und Bewusstwerdung. Sie hat keinen Sinn. Sie hat uns nichts zu sagen.

Das einzige Phänomen, das eine Affinität zu dieser Revolution, zu den Massen und der Art aufweist, wie sich der letzte Schicksalsschlag des Sozialen und dessen Tod in ihnen abspielt, ist der Terrorismus. Nichts ist stärker »von den Massen abgeschnitten« als der Terrorismus, und die Macht hat ein leichtes Spiel, die beiden gegeneinander aufzuhetzen. Doch nichts ist seltsamer und zugleich vertrauter als ihre Übereinstimmung in der Verneinung des Sozialen und der Verweigerung des Sinns. Der Terrorismus behauptet zwar, er ziele auf das Kapital (den weltweiten Imperialismus usw.), aber er irrt sich im Feind und nimmt darum den Richtigen ins Visier: das Soziale. Als Antwort auf den Terrorismus *des* Sozialen wendet sich der heutige Terrorismus *gegen* das Soziale. Er zielt darauf, so wie es sich heute präsentiert – als ein orbitales, interstitielles, nukleares, gewebeförmiges Netz der Kontrolle und der Sicherheit, das uns von allen Seiten einnimmt und uns, uns alle, zur schweigenden Mehrheit macht. Eine hyperreale, unfassbare Sozialität, die nicht mehr mit Gesetz und Repression arbeitet, sondern mit der Infiltration von Modellen, nicht mehr mit Gewalt, sondern mit Überzeugen/Abschrecken – und der Terrorismus antwortet darauf mit einem *ebenfalls hyperrealen* Akt, der von vornherein den konzentrischen Wellen der Medien und der Faszination geweiht ist, der von vornherein nicht etwa der Repräsentation oder dem Bewusstsein dient, sondern der geistigen Zersetzung durch Kontiguität, Faszination und Panik, nicht der Reflexion oder der Logik von Ursache und Wirkung, sondern der Kettenreaktion durch Ansteckung – ein Akt, der sinnentleert und folglich ebenso unbestimmt ist wie das System, das er bekämpft, oder besser gesagt, in das er als maximaler und infinitesimaler Implosionspunkt eindringt: Ein Terrorismus, der nicht explosiv, nicht historisch, nicht politisch ist, sondern implosiv, kristallisierend, verblüffend – und daher zutiefst homolog dem Schweigen und der Trägheit der Massen.

Der Terrorismus zielt nicht darauf ab, irgendjemand oder irgendetwas zum Sprechen zu bringen, wiederzubeleben oder zu mobilisieren; er hat keine revolutionäre Fortsetzung (in dieser

Hinsicht wirft man ihm denn auch totales Versagen vor, aber ihm geht es um etwas ganz anderes); er zielt auf die Massen in ihrem Schweigen, dem durch die Information gebannten Schweigen, er zielt auf die weiße Magie des Sozialen, das uns vereinnahmt und dessen Tod er durch Verstärkung beschleunigen will – auf die weiße Magie der Information, der Simulation, der Abschreckung, der anonymen und zufälligen Kontrolle; er zielt darauf ab, die weiße Magie der sozialen Abstraktion durch die schwarze Magie einer noch größeren, noch anonymeren, noch willkürlicheren und noch zufälligeren Abstraktion zu treffen: den Terrorakt.

Er ist der einzige nicht repräsentative Akt. Eben darin besteht seine Affinität zu den Massen, der einzigen nicht repräsentierbaren Realität. Das bedeutet aber keineswegs, der Terrorismus könnte das Schweigen und das Nicht-Gesagte der Massen *repräsentieren,* ihren passiven Widerstand mit Gewalt zum Ausdruck bringen. Es bedeutet nur: Für den blinden, nicht repräsentativen, sinnentleerten Charakter des Terrorakts gibt es kein anderes Äquivalent als das blinde, sinnentleerte, nicht repräsentierbare Verhalten der Massen. Ihre Gemeinsamkeit besteht darin, dass sie heute die radikalste, die schärfste Form der Verneinung jedes Repräsentativsystems darstellen. Das ist alles. Im Grunde weiß niemand, welche Beziehung zwischen zwei Elementen, die sich außerhalb der Repräsentation ansiedeln, bestehen kann; das ist ein Problem, dessen Lösung sich unserer Erkenntnistheorie verschließt, da sie stets das Medium eines Subjekts und einer Sprache, das Medium einer Repräsentation postuliert. Wir wissen viel über repräsentative Verknüpfungen, aber wenig über analogische, affinitäre, un-mediatisierte, referenzlose und andere Systeme. Mit Sicherheit aber geschieht etwas sehr Starkes zwischen diesen Elementen (den Massen und dem Terrorismus), was wir in den historischen Vorläufern der Repräsentativsysteme (Volk/Versammlung, Proletariat/Partei, Randgruppen bzw. Minoritäten/politische Splittergruppen ...) vergeblich suchen dürften. Und genau wie zwischen den beiden Polen jedes Repräsentativsystems eine soziale Energie, eine positive Energie fließt, könnte man sagen, dass zwischen den Massen und dem Terrorismus, diesen beiden Nicht-Polen eines Nicht-Repräsentativsystems, ebenfalls eine Energie fließt, aber eine *umgekehrte Energie*, die keine soziale Akkumulation oder Transformation bewirkt, sondern soziale Zerstreuung: eine Zerstreuung *des* Sozialen, eine Absorption und Vernichtung des Politischen.

Man kann nicht behaupten, es sei das »Zeitalter der schweigenden Mehrheiten«, das den Terrorismus »produziere«. Das erstaunliche, das Aufsehen erregende Ereignis ist die Simultaneität. Ob man es in seiner Brutalität akzeptiert oder nicht, es ist das einzige, das wirklich das Ende des Politischen und des Sozialen kennzeichnet. Das einzige, das die Realität einer gewaltsamen Implosion all unserer Repräsentationssysteme zum Ausdruck bringt.

Der Terrorismus zielt nicht darauf ab, den repressiven Charakter des Staates bloßzustellen (das ist die provozierende Negativität der Splittergruppen, die darin eine letzte Chance sehen, in den Augen der Massen repräsentativ zu sein). Durch seine eigene Nicht-Repräsentativität und durch Kettenreaktionen (nicht etwa durch Aufzeigen und Bewusstseinsbildung) propagiert der Terrorismus die Evidenz der Nicht-Repräsentativität jeglicher Macht. Darin liegt seine Subversion: Er beschleunigt die Nicht-Repräsentation, indem er sie in unendlich kleinen, aber hochkonzentrierten Dosen injiziert.

Seine grundlegende Gewalt besteht in der Verneinung aller repräsentierenden Institutionen (der

Gewerkschaften, der organisierten Bewegungen, des bewussten »politischen« Kampfs usw.). Einschließlich derer, die sein Spiel aus Solidarität mitspielen; denn die Solidarität ist auch eine Art, ihn als Modell, als Emblem zu konstituieren und ihm somit die Repräsentation zuzuweisen. (»Sie sind für uns gestorben, ihre Aktion war nicht sinnlos ...«) Alle Mittel sind recht, um Sinn zu erzwingen, um zu verkennen, dass der Terrorismus jeder sozialen Legitimität entbehrt, dass er keinerlei politische Fortsetzung hat, keine Kontinuität in irgendeiner Geschichte. Sein einziger »Widerschein« ist gerade keine historische Verlängerung: Er besteht in der Berichterstattung, der Schockwelle in den Medien. Nun gehört aber diese Berichterstattung ebenso wenig einer objektiven und informativen Ordnung an, wie der Terrorismus einer politischen Ordnung. Beide bewegen sich anderswo, in einer Ordnung, die weder für den Sinn noch für die Repräsentation steht – die vielleicht mythisch, gewiss aber ein Simulacrum ist.

Der andere Aspekt der terroristischen Gewalt ist die Verneinung jeder Determination und jeder Qualität. In diesem Sinne muss man den Terrorismus vom »Banditentum« und von Kommandoaktionen unterscheiden. Letztere sind kriegerische Akte, die sich gegen einen bestimmten Feind richten (Sprengstoffattentat auf einen Zug, Bombenanschlag auf den Sitz der gegnerischen Partei usw.). Das »Banditentum« entspringt der traditionellen kriminellen Gewalt (Hold-up in einer Bank, Freiheitsberaubung mit Lösegeldforderung usw.). All diese Aktionen haben ein Ziel, sei es ökonomisch oder kriegerisch. Der neuartige Terrorismus, eröffnet durch Geiselnahmen und das Verzögerungsspiel mit dem Tod, hat keine Ziele mehr (wenn er vorgibt, welche zu haben, sind sie lächerlich oder unerreichbar, abgesehen davon, dass er wohl die unwirksamste Methode zum Erfolg wäre). Er hat auch keinen bestimmten Feind. Kämpfen die Palästinenser durch zwischengeschaltete Geiseln gegen Israel? Nein, sie kämpfen durch die Zwischenschaltung Israels gegen einen mythischen Feind, ja nicht einmal mythisch, sondern anonym, undifferenziert, eine Art soziale Weltordnung, die überall, zu jeder Zeit, in jedem Beliebigen bis hin zu dem letzten »Unschuldigen« gegenwärtig ist. Genau das ist Terrorismus, nur deshalb einzigartig und unlösbar, weil er irgendwo, irgendwann, irgendwen trifft – sonst wäre er nur Erpressung oder eine militärische Kommandoaktion. *Seine Blindheit entspricht genau der absoluten Undifferenziertheit des Systems*, das schon lange nicht mehr zwischen Zweck und Mittel, Henkern und Opfern unterscheidet. Der terroristische Akt richtet sich in der mörderischen Unterschiedslosigkeit der Geiselnahmen genau gegen das beispielhafteste Produkt des ganzen Systems: das anonyme und vollkommen undifferenzierte Individuum, den Begriff, der jedem anderen substituierbar ist. Paradoxerweise muss man sagen: Die Unschuldigen zahlen für das Verbrechen, nichts zu sein, ohne Bestimmung, ihres Namens durch ein System beraubt, das selbst anonym ist und sie zu seiner reinsten Verkörperung macht. Sie sind die Endprodukte des Sozialen, Endprodukte einer abstrakten, bald globalen Sozialität. In diesem Sinne, als *irgendwer,* sind sie die prädestinierten Opfer des Terrorismus.

Und in diesem Sinne, oder vielmehr in dieser Herausforderung des Sinns, kommt der Terrorakt einer Naturkatastrophe gleich. Kein Unterschied zwischen einem Erdbeben in Guatemala und der Entführung einer Lufthansa-Maschine mit dreihundert Passagieren an Bord, zwischen dem »natürlichen« Eingriff und dem terroristischen »menschlichen« Eingriff. Die Natur ist terroristisch, genau wie der plötzliche Ausfall aller technischen System: Die großen Blackouts in New York (1965 und 1977) haben terroristische Situationen ohnegleichen geschaffen, gelungener als die wirklichen, traumhaft. Besser noch: Genau wie die großen Naturunfälle illustrieren solche Unfälle der Technologie die Möglichkeit einer radikalen Subversion *ohne Subjekt.* Wäre die Panne 1977 in New York von einer gut organisierten Terrorgruppe eingefädelt worden, hätte das an dem objektiven Ergebnis nichts geändert. Es wäre zu denselben Gewalttaten, denselben Plünderungen, derselben Aufhebung, derselben Außerkraftsetzung der »sozialen« Ordnung gekommen. Das bedeutet, dass der Terrorismus nicht im Entschluss zur Gewalt besteht, sondern überall in der Normalität des Sozialen enthalten ist, die sich offenbar von einem Augenblick zum andern in eine umgekehrte, absurde, unkontrollierbare Realität verwandeln kann. So wird die Naturkatastrophe dank ihrer Wirkungen paradoxerweise zum *mythischen Ausdruck* der Katastrophe des Sozialen. Oder besser gesagt, da die Naturkatastrophe einen sinnentleerten, nicht-repräsentativen Schicksalsschlag *par excellence* darstellt (repräsentativ höchstens für Gott, was den Verantwortlichen der Continental Edison beim letzten Blackout in New York denn auch von Gott und Gottes Hand hat sprechen lassen), erscheint sie als eine Art Symptom oder gewaltsame Verkörperung des Zustands, in dem sich das Soziale befindet, das heißt seiner Katastrophe und des Zusammenbruchs aller Repräsentationen, auf denen es beruht.

Massen, Medien und Terrorismus mit ihrer triangulären Affinität beschreiben den heute herrschenden Implosionsprozess. Der ganze Prozess ist befallen von einer Gewalt, die sich noch im Anfangsstadium befindet, einer orbitalen und nuklearen Gewalt, einer Gewalt der Aspiration und Faszination, der Gewalt der Leere (die Faszination ist die äußerste Intensität des *Neutrums*). Die Implosion kann für uns in der heutigen Zeit nur gewaltsam und katastrophal sein, weil sie aus dem *Scheitern* jenes Systems der gesteuerten Explosion und Expansion resultiert, das uns im Abendland seit einigen Jahrhunderten als Grundlage gedient hat.

Nun muss aber die Implosion nicht zwangsläufig ein katastrophaler Prozess sein. Sie war sogar, in einer beherrschten und gelenkten Form, die heimliche Dominante der primitiven und traditionellen Gesellschaften. Konfigurationen, die nicht expansiv, nicht zentrifugal waren, sondern zentripetal – einzigartige Pluralitäten, die nie auf das Universelle ausgerichtet waren, sondern auf einen zyklischen Prozess, das Ritual, zentriert, und die danach strebten, in diesem nicht-repräsentativen Prozess zu involuieren, ohne übergeordnete Instanz, ohne trennende Polarität, aber auch ohne in sich selbst zu versinken (eine Ausnahme bilden sicher einige uns unerklärliche implosive Prozesse, wie der Zusammenbruch der Kulturen der Tolteken, der Olmeken oder der Mayas, von denen man nichts mehr erfahren hat, deren pyramidale Reiche vom Erdboden verschwunden sind, ohne Spuren zu hinterlassen, ohne sichtbare Katastrophe, als seien sie brutal, ohne erkennbaren Grund, ohne äußere Gewalt einfach aufgegeben worden). Die primitiven Gesellschaften haben also eine *gesteuerte Implosion* erlebt – sie sind gestorben, als es ihnen nicht mehr gelang, diesen Prozess zu beherrschen, und er sich ins explosive Gegenteil verkehrte (Gründe dafür waren demographische Explosionen, irreduzible Produktionsüberschüsse, unkontrollierbare Expansionen oder schlicht und einfach die Kolonisation, die ihnen mit Gewalt die expansive und zentrifugale Norm der abendländischen Systeme aufgezwungen hat).

Umgekehrt haben unsere »modernen« Zivilisationen von einer Expansion und Explosion auf allen Ebenen gelebt, unter dem Zeichen der Universalisierung des Marktes, der ökonomischen und philosophischen Werte, unter dem Zeichen der Universalität des Gesetzes und der Eroberungen. Zweifellos haben sie sogar, zumindest eine Zeit lang, dank einer *gesteuerten Explosion* eine kontrollierte und fortschreitende Freisetzung von Energie erlebt, und dies war das goldene Zeitalter ihrer Kultur. Doch infolge zunehmender Aufheizung und Beschleunigung ist dieser explosive Prozess außer Kontrolle geraten, er hat eine tödliche Geschwindigkeit oder Amplitude erreicht – oder besser gesagt, er ist an die Grenzen des Universellen gestoßen, er hat das mögliche Expansionsfeld erschöpft; und genau wie die primitiven Gesellschaften durch die Explosion verheert wurden, weil sie den implosiven Prozess nicht mehr beherrschen konnten, werden unsere Gesellschaften jetzt durch die Implosion verheert, weil sie nicht in der Lage waren, den explosiven Prozess auf Dauer zu beherrschen und auszugleichen.

Die Implosion ist unausweichlich, und alle Bemühungen, das Realitätsprinzip, die Prinzipien der Akkumulation, der Universalität, der Evolution expandierender Systeme zu retten, sind archaisch, regressiv und nostalgisch. Einschließlich aller Versuche, die libidinösen Energien, die pluralen Energien, die fragmentarischen Intensitäten usw. zu befreien. Die »molekulare Revolution« bezeichnet nur die Endphase der »Energiebefreiung« (oder der Segmentvermehrung usw.) bis an die infinitesimalen Grenzen des Expansionsfeldes, in dem sich unsere Kultur entwickelt hat. Ein infinitesimaler Versuch des Wunsches, der dem Unendlichkeitsstreben des Kapitals folgt. Eine molekulare Lösung, die der molaren Besetzung des Raums und des Sozialen folgt. Ein letztes Aufflackern des explosiven Systems, ein ultimativer Versuch, die Herrschaft über eine Grenzenergie zu bewahren oder die Grenzen der Energie hinauszuschieben (unser grundlegendes Leitmotiv), um das Prinzip der Expansion und der Befreiung zu retten.

Aber nichts wird den implosiven Prozess verhindern. Die einzige Alternative, die noch bleibt, besteht in der Möglichkeit eines gewaltsamen, katastrophalen Ablaufs oder einer sanften Implosion, einer Implosion in Zeitlupe. Es gibt Spuren dieser letzteren, verschiedene Versuche, die neuen anti-universalistischen, anti-repräsentativen, tribalen oder zentripetalen Impulse in den Griff zu bekommen: die Kommunen, die Ökologie, das Nullwachstum, die Drogen – das alles gehört zweifellos dazu. Aber machen wir uns keine Illusionen über die sanfte Implosion. Sie ist der Vergänglichkeit und dem Misserfolg geweiht. Es hat nie einen ausgeglichenen Übergang von implosiven zu explosiven Systemen gegeben: Er ging immer mit Gewalt vonstatten, und es ist damit zu rechnen, dass auch unser Übergang zur Implosion gewaltsam und katastrophal ablaufen wird.

… ODER DAS ENDE DES SOZIALEN

Das Soziale ist kein klarer und eindeutiger Prozess. Entsprechen die modernen Gesellschaften einem fortschreitenden Sozialisations- oder Desozialisationsprozess? Alles hängt davon ab, welche Bedeutung dem Begriff verliehen wird, aber keine ist je gesichert und alle sind reversibel. So kann man beispielsweise sagen, dass die Institutionen, die den »Fortschritt des Sozialen« begleitet haben (Urbanisierung, Konzentration, Produktion, Arbeit, Medizin, Schulpflicht, Krankenkassen, Versicherungen usw.), einschließlich des Kapitals, das zweifellos das wirksamste Sozialisationsmedium von allen war, das Soziale im gleichen Zuge produzieren und zerstören.

Wenn das Soziale aus abstrakten Instanzen besteht, die sich eine nach der anderen über den Ruinen des symbolischen und rituellen Gebäudes der früheren Gesellschaften erheben, produzieren die sich mehrenden Institutionen auch immer mehr Soziales. Aber zugleich heiligen sie die verschlingende Abstraktion, die vielleicht gerade die »markige Substanz« des Sozialen verschlingt. Unter diesem Aspekt kann man sagen, das Soziale nehme im gleichen Maße ab, in dem sich seine Institutionen entwickeln.

Der Prozess beschleunigt sich und erreicht mit den Massenmedien und der Information seine maximale Entfaltung. Die Medien, *alle* Medien, die Information, *jegliche* Information, wirken in beide Richtungen: Dem Anschein nach produzieren sie immer mehr Soziales, in der Tiefe neutralisieren sie die sozialen Beziehungen und das Soziale selbst.

Wenn aber das Soziale von denen, die es produzieren (den Medien, der Information), gleichzeitig zerstört wird, wenn es von denen, die es selbst produziert (den Massen), wieder resorbiert wird, folgt daraus, dass seine Definition gleich Null ist und der ganze Begriff des Sozialen, der allen Diskursen als universelles Alibi dient, gar nichts mehr analysiert, nichts mehr bezeichnet. Nicht nur, dass er überflüssig und nutzlos wäre – sondern überall, wo er auftaucht, verschleiert er etwas anderes: die Herausforderung, den Tod, die Verführung, das Ritual, die Wiederholung – er verschleiert, dass er nur Abstraktion und Residuum ist, oder sogar ein bloßer *Effekt* von Sozialem, eine Simulation und Augentäuschung.

Der Begriff »soziale Beziehung« selbst ist rätselhaft. Was ist eine »soziale Beziehung«, ein »soziales Verhältnis«, was bedeutet die »Herstellung sozialer Beziehungen«? Hier ist alles falscher Schein. Ist das Soziale unmittelbar, gleichsam *per definitionem*, ein »Verhältnis« oder eine »Beziehung», was bereits eine ernsthafte Abstraktion und eine rationelle Algebra des Sozialen voraussetzt – oder aber ist es etwas anderes, was der Begriff »Beziehung« mit Gewalt rationalisiert? Vielleicht steht die »soziale Beziehung« *für etwas anderes,* namentlich für das, was sie zerstört? Vielleicht besiegelt sie, vielleicht inauguriert sie das Ende des Sozialen?

Die »Sozialwissenschaften« haben die Evidenz und Ewigkeit des Sozialen abgesegnet. Aber wir müssen auf den Boden der Tatsachen zurück. Es hat *Gesellschaften ohne Soziales* gegeben, genau wie es Gesellschaften ohne Geschichte gab. Die Netze der symbolischen Verpflichtungen hatten weder mit »Beziehungen« noch mit dem »Sozialen« zu tun. Am anderen Extrem ist unsere Gesellschaft vielleicht im Begriff, dem Sozialen ein Ende zu bereiten, es unter der Simulation des Sozialen zu begraben. Für das Soziale gibt es verschiedene Todesarten – genau so viele, wie es Definitionen gibt. Vielleicht hat das Soziale nur eine vorübergehende Existenz, in der engen Spanne zwischen den symbolischen Formationen und unserer »Gesellschaft«, in der es stirbt. Vorher gab es noch nichts Soziales. Nachher wird nichts mehr davon übrig sein. Allein die »Soziologie« scheint seine Ewigkeit zu bezeugen, und das souveräne Kauderwelsch der »Sozialwissenschaften« wird ihm noch nachhallen, wenn es längst verschwunden ist.

Die ununterbrochene Energie, die dem Sozialen seit zwei Jahrhunderten zugeflossen ist, war ein Ergebnis der Deterritorialisierung und Konzentration unter zunehmend vereinheitlichten Instanzen. Ein zentralperspektivischer Raum, der allem, was sich hineinbegibt, durch die bloße Konvergenz der gegen Unendlich strebenden Fluchtlinien einen Sinn gibt (wie der Raum und die Zeit öffnet das Soziale in der Tat eine Perspektive zum Unendlichen). Nur in dieser panoptischen Perspektive gibt es eine Definition des Sozialen.

Aber vergessen wir nicht, dass der perspektivische Raum (in der Malerei und der Architektur genau wie in der Politik oder der Ökonomie) nur ein Simulationsmodell unter anderen ist und sein Charakteristikum allein in der Tatsache besteht, dass er unerhörte Wahrheitseffekte, Effekte von Objektivität ermöglicht, die man von anderen Modellen nicht kennt. Vielleicht ist er sogar nur ein *Lockmittel*? Dann hätte alles, was für diese *scène à l'italienne* des Sozialen ausgeheckt und eingerichtet wurde, nie eine tiefere Bedeutung gehabt. Im Grunde hätten die Dinge nie sozial funktioniert, sondern immer nur symbolisch, magisch, irrational. Eben das unterstellt die Formulierung: Das Kapital ist eine *Herausforderung* der Gesellschaft. Das heißt, die perspektivische, panoptische Maschine, die das Kapital darstellt, diese Wahrheits-, Rationalitäts- und Produktivitätsmaschine hat keine objektive Zweckbestimmung, keinen vernünftigen Grund: Sie ist in erster Linie Gewalt, und sie übt diese Gewalt durch das Soziale über das Soziale aus, aber in Wirklichkeit ist sie gar keine Sozialmaschine, das Kapital und das Soziale in ihrer zugleich solidarischen und antagonistischen Definition sind ihr vollkommen egal. Es heißt auch, dass es keinen Vertrag gibt, dass es nie einen Vertrag zwischen gesetzlich unterschiedenen Instanzen gibt – das ist alles Schmu –, es gibt immer nur Absichten und Herausforderungen, anders gesagt, es gibt nur das, was nicht über eine »soziale Beziehung« läuft. (Die Herausforderung ist kein dialektischer Prozess, keine wechselseitige Konfrontation des einen und des anderen Pols, des einen und des anderen Begriffs innerhalb einer vollen Struktur. Sie ist vielmehr ein Prozess der *Ausrottung* der strukturalen Position jedes *Begriffs,* der Subjektposition beider Antagonisten, und insbesondere dessen, der die Herausforderung betreibt: Schon dadurch verlässt er jede vertragsmäßige Position, die eine »Beziehung« ermöglichen könnte. Es handelt sich nicht mehr um die Logik des Wertetauschs, sondern um die Logik der Aufgabe aller Wertpositionen und aller Sinnpositionen. Der Protagonist der Herausforderung befindet sich stets in einer Selbstmordposition, aber eines triumphalen Selbstmords: Durch die Zerstörung des (seines) Werts, durch die Zerstörung des (seines) Sinns zwingt er den Anderen zu einer Antwort, die nie gleichwertig sein kann, die immer überboten wird. Die Herausforderung ist stets etwas, was keinen Sinn, keinen Namen, keine Identität hat, und sie richtet sich an das, was sich auf einen Sinn, einen Namen, eine Identität beruft – es ist die Herausforderung des Sinns, der Macht, der Wahrheit in ihrem Anspruch, als solche zu existieren oder dies von sich zu behaupten. Nur eine derartige *Umkehrung* kann der Macht, dem Sinn, dem Wert ein Ende setzen, nie irgendein Kräfte*verhältnis*, wie günstig es auch sein mag, da es immer eine polare, binäre, strukturelle Beziehung voraussetzt, die *per definitionem* einen neuen Raum des Sinns und der Macht erzeugt.[8])

Hier sind mehrere Hypothesen möglich.

Erste Hypothese:

Im Grunde hat das Soziale nie existiert. Es hat nie eine soziale »Beziehung« gegeben. Nie hat irgendetwas sozial funktioniert. Auf dieser unvermeidlichen Grundlage der Herausforderung, der Verführung und des Todes hat es nie etwas anderes gegeben, als eine *Simulation* des Sozialen und der sozialen Beziehung. Da hilft es nichts, von einer »realen« Sozialität, einer verborgenen oder einer idealen Sozialität zu träumen. Man hypostasiert nur ein Simulacrum. Wenn das Soziale eine Simulation ist, besteht die einzig wahrscheinliche Schicksalswende in einer brutalen *Auflösung der Simulation* – wobei das Soziale selbst aufhört, sich als Referenzraum anzubieten und das Spiel zu spielen, im gleichen Zuge also der Macht, dem Machteffekt und dem Spiegel des Sozialen, in dem es sich verewigt, ein Ende setzt. Diese Auflösung stellt alles auf den Kopf, indem sie ihrerseits die Form einer Herausforderung annimmt (umgekehrt zu der Herausforderung des Sozialen und der Gesellschaft durch das Kapital): einer Herausforderung, die dem Anspruch des Kapitals und der Macht gilt, nach ihrer eigenen Logik zu existieren – *denn sie haben keine Logik,* sie verschwinden als Dispositiv, sobald sich die Simulation des sozialen Raumes auflöst.[9] Genau das erleben wir heute: den Zerfall des sozialen Denkgebäudes, die Konsumtion und die Involution des Sozialen, das Versagen des sozialen Simulacrums, eine wahre Herausforderung des konstruktiven und produktiven Denkens in Bezug auf das Soziale, das uns beherrscht. Und zwar mit einem Schlag, als hätte das Soziale nie existiert. Ein Versagen, das alle Züge einer Katastrophe trägt, nicht die einer Evolution oder einer Revolution. Es handelt sich auch nicht um eine »Krise« des Sozialen, sondern um die Resorption seines Dispositivs. Ohne dass die Ausbrüche am Rand (Verrückte, Frauen, Drogensüchtige, Kriminelle) etwas damit zu tun hätten – sie dienen dem kollabierenden Sozialen vielmehr als frische Energien. Es ist ein Prozess, der sich nicht mehr resozialisieren lässt. In ihm verflüchtigen sich das Realitätsprinzip und das Prinzip der sozialen Vernunft wie ein Gespenst beim Hahnenschrei.

Zweite Hypothese:

Das Soziale hat sehr wohl existiert, es existiert sogar in zunehmendem Maße, es besetzt alles, es gibt nichts mehr außer ihm. Von verflüchtigen kann keine Rede sein, im Gegenteil, es triumphiert, die Realität des Sozialen setzt sich überall durch. Aber entgegen dem Vorurteil, welches das Soziale für einen objektiven Fortschritt des Menschengeschlechts und alles, was ihm entgeht, für ein Residuum erklärt, kann man davon ausgehen, dass das Soziale selbst ein Residuum ist und gerade als solches im Realen triumphieren konnte: Als immer größer werdendes und bald universelles Residuum des Zerfalls der symbolischen Ordnung, als deren Überrest hat das Soziale die Kraft des Realen angenommen.[10] Das bedeutet eine subtilere Art des Todes.

Nach dieser Hypothese versinken wir immer tiefer im Sozialen, das heißt im reinen Ausschuss, im phantastischen Schutthaufen der toten Arbeit, der abgestorbenen, formalisierten Beziehungen terroristischer Bürokratien, der toten Sprachen und Syntagmen (die Begriffe »Verhältnis« und »Beziehung« haben selbst schon etwas Totes, etwas vom Tod an sich).

Nun kann man natürlich nicht mehr sagen, das Soziale sterbe, *da es schon jetzt eine Akku-*

mulation des Toten ist. Wir befinden uns in der Tat in einer Zivilisation des Supersozialen und zugleich des nicht mehr zersetzbaren, unverwüstlichen Residuums, das sich im gleichen Maße erweitert, in dem sich das Soziale ausdehnt.

Abfall und Recycling: Das wäre das Soziale nach dem Bild einer Produktion, deren Zyklus sich seit langem den »sozialen« Zweckbestimmungen entzieht und zu einem vollkommen abgelösten, um sich selbst sich drehenden Spiralnebel geworden ist, der sich bei jeder »Revolution« erweitert. So sieht man, wie das Soziale im Lauf der Geschichte immer größere Kreise zieht, zunächst um die Reste »rational« zu verwalten, und bald um sie rational zu *produzieren.*

1544 wurde in Paris das erste große Armenhaus eröffnet: Vagabunden, Schwachsinnige, Kranke, all diejenigen, die die Gruppe nicht integriert und als Reste übrig gelassen hatte, wurden dort unter dem aufkommenden Zeichen des Sozialen versorgt. Im 19. Jahrhundert nahm dieses die Ausmaße der öffentlichen Fürsorge und im 20. Jahrhundert die der Sozialversicherungen an. Mit dem wachsenden Erstarken der sozialen Vernunft wurde bald die gesamte Gemeinschaft residual, und das Soziale erweiterte sich um eine zusätzliche Spirale. Wenn der Rest die Dimensionen der Gesamtgesellschaft erreicht, ist die

Sozialisation perfekt.[11] Alle sind vollkommen ausgeschlossen und versorgt, vollkommen desintegriert und sozialisiert.

Die symbolische Integration wird ersetzt durch eine funktionale Integration, und funktionale Institutionen kümmern sich um die Reste der symbolischen Desintegration – eine soziale *Instanz* erscheint, wo keine war, ja wo es nicht einmal einen Namen dafür gab. Die »sozialen Beziehungen« beginnen zu wuchern, sie vermehren sich, bereichern sich nach Maßgabe der Desintegration. Und die Sozialwissenschaften setzen dem Ganzen die Krone auf. Daher der Beigeschmack eines Ausdrucks wie »die Verantwortung der Gesellschaft gegenüber ihren benachteiligten Mitgliedern«, wenn man weiß, dass das Soziale nichts anderes als die Instanz ist, die aus dieser Verlassenheit resultiert.

Das ist auch das Interessante an der Rubrik »Gesellschaft« (*Société*) in *Le Monde,* wo paradoxerweise nur Immigranten, Delinquenten, Frauen usw. auftauchen: alles, was nicht sozialisiert worden ist, der »Sozialfall« analog zum pathologischen Fall. Taschen, die resorbiert werden können, Segmente, die das Soziale im Zuge seiner Ausdehnung isoliert. Als *Reste* am Horizont des Sozialen bezeichnet, fallen sie unter dessen Zuständigkeit und sind dazu bestimmt, ihren Platz in einer erweiterten Sozialität zu finden. Aus diesem *Rest* bezieht die Sozialmaschine neuen Schwung, auf ihn stützt sie sich für eine weitere Ausdehnung. Doch was passiert, wenn alles sozialisiert ist? Dann bleibt die Maschine stehen, die Dynamik kehrt sich um, und *das gesamte soziale System wird zum Residuum.* In dem Maße, in dem das Soziale alle Residuen eliminiert, wird es selbst residual. Indem es die Restkategorien unter der Rubrik »Gesellschaft« zusammenfasst, *bezeichnet sich das Soziale selbst als Rest.*

Was aber wird aus der Rationalität des Sozialen, aus dem sozialen Vertrag und der sozialen Beziehung, wenn es selbst nicht als Originalstruktur, sondern als ein Reste verwaltendes Residuum erscheint? Wenn das Soziale selbst nur ein Rest ist, kann es nicht mehr der Ort eines Prozesses oder einer positiven Geschichte sein, sondern nur noch ein Ort der Anhäufung und wucherischen Verwaltung des Todes. Das Soziale hat keinen Sinn mehr, weil es für etwas anderes da ist und sich nichts anderes mehr erhofft: Es ist exkremental. Ohne ideale Perspektive. Denn der Rest ist das, was über das Nichts hinausgeht, es ist das, was den Tod unversöhnlich macht, und darauf kann sich nur eine Politik des Toten gründen. Einschluss oder Ausschluss. Anfangs, unter dem Zeichen der produktiven Vernunft, war das Soziale der Raum der Großen Einschließung – unter dem Zeichen der Simulation und der Abschreckung ist es der Raum der Großen Ausschließung geworden. Aber das ist vielleicht schon kein »sozialer« Raum mehr.

In dieser Perspektive, als Verwaltung von Residuen, kann das Soziale heute als das erscheinen, was es ist: ein Recht, ein Bedarf, ein Dienst, ein schlichter Gebrauchswert. Nicht einmal mehr ein Ort, wo Konflikte ausgetragen werden, keine politische Struktur: eine Auffangstation. Die Grenze des ökonomischen Werts des Sozialen als Gebrauchswert liegt in der Tat bei seinem ökologischen Wert als *Nische*. Der rechte Gebrauch des Sozialen als eine Form des gleichgewichtigen Austauschs zwischen dem Individuum und seiner Umwelt, das Soziale als Ökosystem, Homöostase und funktionale Superbiologie der Art – nicht einmal mehr eine Struktur: eine Substanz, die warme und proteinhaltige Anonymität einer nahrhaften Substanz. Eine Art fötaler Sicherheitsraum, der bei allen Lebensschwierigkeiten Hilfe leistet, der überall die notwendige Lebensqualität liefert, das heißt eine Vollkaskoversicherung, ein Äquivalent für das verlorene Leben – eine heruntergekommene Form der einölenden, versichernden, passivierenden und permissiven Sozialität – die niedrigste Form der sozialen Energie, deren Nutzen der Umwelt, dem Verhalten gilt – so sieht die Gestalt des Sozialen für uns aus – eine entropische Form – eine andere Gestalt seines Todes.

– EXKURS: Das Soziale oder Die funktionale Ventilation des Rests

Das Soziale soll darüber wachen, dass der Zuwachs an Reichtum aufgesogen wird, ein Zuwachs, der bei direkter Redistribution, ohne Vermittlung durch einen anderen Prozess, die soziale Ordnung ruinieren, eine unhaltbare utopische Situation schaffen würde. Die Umkehrung des Reichtums, aller Reichtümer, die einst in Form des Opfers vollzogen wurde, ohne der Akkumulation eines Rests Platz zu lassen, ist für unsere Gesellschaften unerträglich. Ja, erst dadurch sind sie überhaupt »Gesellschaften« – in dem Sinne, dass sie stets einen Überschuss, einen Rest produzieren – sei er demographisch, ökonomisch oder linguistisch –, und dass dieser Rest liquidiert werden muss (nicht geopfert, das wäre zu gefährlich: schlicht und einfach liquidiert).

Das Soziale besteht im Namen dieser doppelten Aufgabe: Rest zu produzieren und ihn zu vernichten.

Würde aller Reichtum geopfert, ginge den Menschen der Sinn für das Reale verloren. Würde aller Reichtum verfügbar, ginge den Menschen der Sinn für Nützliches oder Nutzloses verloren. *Das Soziale ist dazu da, die nutzlose Konsumtion des Rests zu überwachen, damit die Individuen auf die nützliche Verwaltung ihres Lebens angewiesen sind.*

Der Gebrauch und der Gebrauchswert bilden eine grundlegende Moral. Aber diese Moral existiert nur in einer Simulation von Mangel und Kalkül. Würde aller Reichtum redistribuiert, würde er den Gebrauchswert ganz von selbst vernichten (es ist genau wie mit dem Tod: Würde der Tod *umgekehrt* und redistribuiert, würde er das Leben als Gebrauchswert ganz von selbst vernichten). Es würde plötzlich auf brutale Weise klar, dass der Gebrauchswert nur eine reißende, entzauberte moralische Konvention ist, die in allen Dingen ein funktionales Kalkül voraussetzt. Aber sie beherrscht uns alle, und so vergiftet, wie wir vom Phantasma des Gebrauchswerts sind, könnten wir die *Katastrophe* einer Umkehrung der Reichtümer und einer Umkehrung des Todes nicht ertragen. Es darf nicht alles umgekehrt werden. Der Rest muss sein. Und das Soziale ist das, was über den Rest wacht.

Bislang haben das Auto, das Eigenheim und verschiedene andere »Annehmlichkeiten« recht und schlecht dafür gesorgt, den Überschuss an physischen und geistigen Kapazitäten der Individuen aufzusaugen. Aber was, wenn aller verfügbarer Reichtum an sie redistribuiert würde? Sie gingen ganz einfach daran zugrunde – sie verlören den Faden und das rechte Maß einer wohltemperierten Ökonomie, den Sinn für Kalkulation und Zweckbestimmung. Ein brutales Umkippen des Wertsystems (der plötzliche Zustrom von Devisen ist die schnellste und radikalste Art, eine Währung zu ruinieren). Oder aber sie wären, wie in der Überflussgesellschaft, auf eine pathologische Ausdehnung des Gebrauchswerts (drei, vier, *x* Autos) angewiesen, bei der dieser sich ohnehin in einem hyperrealen Funktionalismus verflüchtigt.

Jeder Überschuss, der unkontrolliert zurückgegeben wird, kann das Äquivalenzsystem zerstören und im gleichen Zuge unser *mentales* Äquivalenzsystem in einen verzweifelten Zustand bringen.[12] Es herrscht also eine Art

Weisheit in der Institution des Sozialen, die als Präventivmatrix gegen die Ausdehnung und die Reversion der Reichtümer fungiert, als Medium der kontrollierten Verschwendung.

In einer Gesellschaft, die zur totalen Reversion nicht in der Lage und auf den Gebrauchswert angewiesen ist, entfaltet die Institution des Sozialen eine Art Intelligenz und Weisheit bezüglich der »objektiven« Verschwendung: Prestigeprojekte, Concorde-Flugzeuge, der Mond, Raketen, Satelliten, ja sogar der öffentliche Straßenbau und die Sozialversicherungen mit ihrem absurden Wettbewerb. Eine Intelligenz, die der Dummheit und den Grenzen des Gebrauchswerts innewohnt. Wie naiv sind doch die Sozialisten und Humanisten aller Schattierungen, wenn sie fordern, der ganze Reichtum müsse wieder verteilt werden, es dürfe keine unnützen Ausgaben geben. Der Sozialismus, der sich den Gebrauchswert, namentlich den des Sozialen, auf die Fahnen geschrieben hat, offenbart hinsichtlich des Sozialen ein absolutes Missverständnis. Er glaubt, das Soziale könne eines Tages die optimale Kollektivverwaltung des Gebrauchswerts der Menschen und der Dinge sein.

Aber das ist das Soziale nie. Allen sozialistischen Hoffnungen zum Trotz ist es immer etwas Unsinniges, Unkontrollierbares, ein monströser Auswuchs, der verschwendet und zerstört, ohne sich im Geringsten um eine optimale Verwaltung zu kümmern. Und *genau so* ist es funktional, genau so (und da mögen die Idealisten noch so laut schreien) erfüllt es perfekt seine Rolle, die darin besteht, über den objektiven Umweg der Verschwendung das Prinzip des Gebrauchswerts *a contrario* aufrechtzuerhalten, das Realitätsprinzip zu retten. Das Soziale stellt jene Knappheit her, die notwendig ist für die Unterscheidung von Gut und Böse, für jede moralische Ordnung schlechthin – eine Knappheit, die den von Marshall Sahlins beschriebenen »ursprünglichen Überflussgesellschaften« unbekannt war. Das hat der Sozialismus nicht begriffen, dass er, wenn er die Knappheit abschaffen will und die generalisierte Nutznießung des Reichtums fordert, dem Sozialen in dem Glauben, es zum Höhepunkt zu führen, ein Ende setzt.

Das Problem vom Tod des Sozialen ist in diesem Fall ganz einfach: Es stirbt an einer Ausdehnung des Gebrauchswerts, die einer Liquidierung gleichkommt. Wenn alles, einschließlich des Sozialen selbst, zum Gebrauchswert wird, entsteht eine reglose Welt, in der sich die Umkehrung dessen vollzieht, wovon Marx geträumt hat. Er träumte von einer Resorption des Ökonomischen durch das (verklärte) Soziale. Was uns widerfährt, ist die Resorption des Sozialen durch die (banalisierte) politische Ökonomie: die schlichte Verwaltung.

Es ist der *schlechte Gebrauch der Reichtümer*, der eine Gesellschaft rettet. Seit Mandeville und seiner *Bienenfabel* hat sich nichts geändert. Und der Sozialismus ist machtlos. Die ganze politische Ökonomie wurde erfunden, um dieses Paradox zu lösen, diese verhexte Ambiguität des sozialen Funktionierens. Aber dank eine Art Funktionalität zweiten Grades ist sie immer gescheitert. Oder ist sie vielleicht auf dem Weg zum Erfolg, erleben wir nach der Vernichtung des Politischen und dessen Auflösung im Sozialen nun, wie sich das Soziale im Ökonomischen resorbiert – eine schon nicht mehr politische Ökonomie, entblößt von der »Hybris« der Maßlosigkeit und der Exzesse, die für die kapitalistische Phase noch charakteristisch war?

Dritte Hypothese:

Das Soziale hat sehr wohl existiert, aber es existiert nicht mehr. Es hat als kohärenter Raum, als Realitätsprinzip existiert: Die soziale Beziehung, die Herstellung sozialer Beziehungen, das Soziale als dynamische Abstraktion, als Ort, wo Konflikte ausgetragen werden, als Ort historischer Widersprüche, das Soziale als Struktur und als Anspruch, als Strategie und als Ideal – das alles hat einen Sinn gehabt, das alles wollte etwas sagen. Das Soziale war nicht immer nur ein Lockmittel, wie nach der ersten Hypothese, auch nicht immer nur ein Rest, wie nach der zweiten. Aber Sinn hatte es eben, genau wie die Macht, wie die Arbeit, wie das Kapital, nur im perspektivischen Raum der rationalen Distribution, in einem zweckbestimmten, ideal konvergierenden Raum, der auch der Raum der Produktion ist – kurz, Sinn hatte es nur in der engen Spanne zwischen den Simulacra zweiten Grades, und heute stirbt es, resorbiert von den Simulacra dritten Grades.

Schluss mit dem perspektivischen Raum des Sozialen. Die rationale Sozialität des Vertrags, die dialektische Sozialität (die des Staates und der Zivilgesellschaft, des Öffentlichen und des Privaten, des Sozialen und des Individuellen) weicht einer Sozialität des Kontakts, der Schaltkreise und des transistorisierten Netzes von Millionen Molekülen und Partikeln, die in einem zufälligen Gravitationsfeld gehalten werden, magnetisiert durch die unentwegte Zirkulation und die tausendfachen taktischen Kombinationen, die sie elektrisch aufladen. Aber was hat das noch mit *socius* zu tun? Wo ist die Sozialität in Los Angeles? Und wo wird sie später sein, in einer kommenden Generation (denn das heutige Los Angeles ist noch die Film- und Fernseh-, die Telefon- und Automobilgeneration) der totalen Zerstreuung, einer Ventilation der Individuen als Endpunkte der Information in einem Raum, der nicht einmal mehr messbar und auch nicht konvergent wäre: ein verschalteter, ein vernetzter Raum? Das Soziale aber existiert nur in einem perspektivischen Raum, es stirbt im Raum der Simulation, der auch ein Raum der Abschreckung ist.

Im Simulationsraum vermischt sich das Reale mit dem Modell. Es gibt keine kritische und spekulative Distanz mehr zwischen dem Realen und dem Rationalen. Es gibt nicht einmal mehr eine richtige Modellprojektion ins Reale (das entspräche noch dem Gedanken von Borges, die Landschaft durch eine Karte zu ersetzen), sondern das Reale wird transfiguriert, auf der Stelle, hier und jetzt, zum Modell erhoben. Ein phantastischer Kurzschluss: Das Reale wird hyperrealisiert. Weder realisiert noch idealisiert: hyperrealisiert. Das Hyperreale ist die Vernichtung des Realen nicht durch gewaltsame Zerstörung, sondern durch eine Himmelfahrt, die Erhöhung des Realen zur Macht des Modells. Antizipation, Abschreckung, präventive Verklärung usw.: Das Modell dient als Sphäre, die das Reale absorbiert.

Man sieht es an einigen subtilen Zügen, an flüchtigen, ungreifbaren Anzeichen, durch die das Reale wahrer als wahr erscheint, zu real, um wahr zu sein. Alle Medien samt der Information haben heute den Auftrag, dieses Reale, diesen Überschuss an Realem zu produzieren (Interviews, Live-Berichte, Kino, Reality-TV usw.). Gibt es zu viel, verfällt man ins Obszöne, in den Porno. Eine Art Zoom wie beim Porno führt uns das Reale, das immer nur aus *einer gewissen Distanz* heraus existiert hat und nur aus dieser Distanz einen Sinn hatte, zu nahe vor Augen. Es ist eine Abschreckung jeder realen Potenzialität, eine Abschreckung durch minutiöse Verdoppelung, durch makroskopische Hyperpräzision, durch beschleunigtes Recycling, durch Sättigung und Obszönität, durch Aufhebung des Abstands zwischen dem Realen und dessen Repräsentation, durch Implosion der getrennten Pole, über die der Energiestrom des Realen lief: Diese Hyperrealität setzt dem System des Realen ein Ende, sie setzt dem Realen als Bezugsrahmen ein Ende, indem sie es zum Modell erhebt.

Auf die gleiche Art setzt sie auch dem Sozialen ein Ende. Das Soziale, das als Simulacrum zweiten Grades noch in Erscheinung treten konnte, kommt bei der Simulation dritten Grades gar nicht mehr zum Zuge: Es ist von vornherein in seiner eigenen demultiplizierten und verzweifelten Inszenierung, in seiner eigenen Obszönität gefangen. Die Zeichen dieser Hyperrealisierung des Sozialen findet man überall, Zeichen der Verdoppelung des Sozialen und seiner antizipierten Vollendung. Überall wird die Transparenz der sozialen Beziehung zur Schau gestellt, bezeichnet, konsumiert. Die Geschichte des Sozialen wird nie die Zeit gehabt haben, zur Revolution zu führen: Sie wird immer von den schnelleren Zeichen des Sozialen und der Revolution überholt. Das Soziale wird nie die Zeit gehabt haben, zum Sozialismus zu führen, es wird immer schon vom Hypersozialen, von der Hyperrealität des Sozialen kurzgeschlossen worden sein (aber vielleicht ist der Sozialismus eben nur das?). Entsprechend wird das Proletariat nie die Zeit gehabt haben, »sich selbst als solches aufzuheben«: Der Klassenbegriff wird sich längst aufgelöst haben, wird längst in irgendein parodistisches, extensives Double wie etwa »die Masse der Arbeiter« oder schlicht und einfach in eine retrospektive Simulation des Proletariats eingegangen sein. Entsprechend wird auch die politische Ökonomie, noch ehe sie zu ihrer dialektischen Überwindung, zur Auflösung aller Bedürfnisse und zur optimalen Organisation der Dinge führt, noch ehe man erkennen kann, ob das alles überhaupt eine Grundlage hatte, von der Hyperrealität des Ökonomischen (der Überbeschleunigung der Produktion, dem Vorsprung der produzierten Nachfrage gegenüber der Warenproduktion, dem unbestimmten Szenario der Krise) gefangen worden sein.

Nichts ist ans Ziel seiner Geschichte gelangt, nichts wird jemals an sein Ziel gelangen, denn nichts kann sich den vorauseilenden Simulacra entziehen. Und das Soziale stirbt, noch ehe es sein Geheimnis preisgegeben hat.[13]

Trotzdem sollten wir der unglaublichen Naivität des sozialen und des sozialistischen Denkens ein gerührtes Andenken bewahren, dass es eine so total zweideutige und widersprüchliche, schlimmer noch: eine so residuale oder imaginäre, ja noch schlimmer: eine schon jetzt in ihrer eigenen Simulation vernichtete »Realität« wie das Soziale derart im Universellen hypostasieren und zum Ideal der Transparenz erheben konnte.

Anmerkungen

1 Dem entsprechen die Verbitterung der extremen Linken und ihr »intelligenter« Zynismus gegenüber der schweigenden Mehrheit. So schreibt etwa die satirische Zeitschrift *Charlie-Hebdo:* »Der schweigenden Mehrheit ist alles egal, wenn sie nur abends in Pantoffeln vor sich hin schnarchen kann ... Täusch dich nicht, die schweigende Mehrheit hält den Mund, aber am Ende macht sie das Gesetz. Sie lebt gut, sie frisst gut, sie arbeitet gerade das Nötigste. Von ihren Chefs verlangt sie nur ein bisschen väterlichen Schutz, ein bisschen Sicherheit für ihre kleine, ungefährliche Dosis alltäglicher Phantasie.«

2 Hier hört die Analogie zu Freud auch schon auf, denn sein radikaler Akt mündet in eine Hypothese, die Hypothese von der Verdrängung und dem Unbewussten, die sich wieder der – seither voll ausgeschlachteten – Möglichkeit einer Sinnproduktion, einer Reintegration des Wunsches und des Unbewussten in die Partitur des Sinns öffnet. Eine konzertante Symphonie, bei der die irreduzible Reversion des Sinns im Schatten einer auf umgekehrte Befreiung hinauslaufenden Verdrängung in das wohltemperierte Spiel des Wunsches eingeht. So erklärt sich die Tatsache, dass die Befreiung des Wunsches mühelos zum Nachfolger der politischen Revolution werden konnte, indem sie das Versagen des Sinns zustopfte, statt es zu vertiefen. Nun geht es aber ganz und gar nicht darum, eine neue Interpretation der Massen in Begriffen der libidinösen Ökonomie zu finden

(eine Interpretation, die den Konformismus oder den »Faschismus« der Massen auf eine latente Struktur, auf einen obskuren Wunsch nach Macht und Repression abschiebt, der seine Nahrung eventuell aus einer primären Verdrängung oder einem Todestrieb beziehen könnte). Das erscheint heute als die einzige Alternative zum Scheitern der marxistischen Analyse. In Wirklichkeit ist es keine Alternative, sondern genau dasselbe, nur mit einer Windung mehr. Einst wies man den Massen eine revolutionäre Bestimmung zu, der die sexuelle Hörigkeit (Reich) im Wege stand; heute dichtet man ihnen einen Wunsch nach Entfremdung und Hörigkeit oder auch eine Art alltäglichen Mikrofaschismus an, ebenso unverständlich wie ihr virtueller Befreiungstrieb. Es gibt keinen Wunsch nach Faschismus und Macht, ebenso wenig wie den Wunsch nach Revolution. Die letzte Hoffnung, die Massen hätten ein Unbewusstes oder ein Begehren, soll erlauben, sie wieder als Träger oder Grundlage des Sinns einzusetzen. Der allenthalben neu erfundene Wunsch liefert nur das Referenzsystem für die politische Verzweiflung. Und nachdem die Strategie des Wunsches in der Marketingabteilung ihren letzten Schliff erhalten hat, dient sie heute dem revolutionären Aufstieg der Massen.

3 Der Begriff der »kritischen Masse«, gewöhnlich im Zusammenhang mit einer nuklearen *Explosion* gebraucht, wird hier im Sinn einer nuklearen *Implosion* verwendet. Das, was wir im Bereich des Sozialen und Politischen mit dem *involutionären* Phänomen der Massen und der schweigenden Mehrheiten erleben, ist eine Art umgekehr-

te Explosion der Kraft der Trägheit – auch sie erreicht einen Punkt, an dem es kein Zurück mehr gibt.

4 Es handelt sich nicht einmal mehr um die Produktion des Sozialen, denn dafür hätte der Sozialismus oder sogar der Kapitalismus selbst genügt. In Wirklichkeit ändert sich mit der steigenden Produktion der Nachfrage gegenüber der Warenproduktion alles. Die logische Beziehung (zwischen Produktion und Konsum) wird zerstört, und wir befinden uns auf einer ganz anderen Ebene, die weder die der Produktion noch die des Konsums ist, sondern dank der Inversion des gesamten Prozesses eine Ebene der Simulation beider. Deshalb handelt es sich auch nicht um eine »reale« Krise des Kapitals, wie Attali annimmt, eine Krise, die durch etwas mehr an Sozialem, etwas mehr an Sozialismus zu bewältigen wäre, sondern um ganz andere, hyperreale Voraussetzungen, die mit dem Kapital und dem Sozialen gar nichts mehr zu tun haben.

5 Die gleiche Konfiguration wie bei schwarzen Löchern. Es sind regelrechte Sterngräber, mit einem so ungeheuren Gravitationsfeld, dass sogar das Licht sich darin verfängt, zum Satelliten gemacht und absorbiert wird. Das heißt, es sind Regionen im All, von denen *keinerlei Information* ausgeht. Die Entdeckung und Berücksichtigung dieses Phänomens impliziert daher eine Art Umkehrung jeder Wissenschaft, jeder traditionellen Forschungsmethode. Bisher hat sich alles auf Informationen gestützt, auf Botschaften oder Signale (auf den über ein Medium, über Wellen oder Licht vermittelten »Sinn«), während hier et-

was anderes auftaucht, dessen Sinn oder Geheimnis sich um *die Abwesenheit von Informationen* dreht. Es sendet nichts mehr aus, es antwortet nicht mehr. Eine Revolution derselben Art kommt ins Spiel, wenn es um die Massen geht.

6 Jean Baudrillard, *Der symbolische Tausch und der Tod*, Matthes & Seitz Berlin, Berlin [4]2010.

7 Jean Baudrillard, *L'effet Beaubourg*, Ed. Galilée, Paris 1977; dt. »Der Beaubourg-Effekt«, in: *Kool Killer*, Merve Verlag, Berlin 1978.

8 Das gleiche gilt für die Verführung. Während der Sex und die Sexualität, so wie sie sich durch die sexuelle Revolution in sich verändern, durchaus eine Art des Tauschs und der Produktion sexueller Beziehungen darstellen, ist Verführung genau das Gegenteil eines Austauschs und kommt der Herausforderung sehr nahe. Nur dadurch, dass die Sexualität jede Form von Verführung vergessen hat, ist sie zur »sexuellen Beziehung« geworden, konnte sie sich in diesen schon rationalisierten Begriffen von Wert und Tausch ausdrücken – genau wie das Soziale nur dann zur »sozialen Beziehung« wird, wenn es jede symbolische Dimension verloren hat.

9 Aber die Herausforderung des Sozialen kann auch die umgekehrte Form eines erneuten Ausbruchs des sozialen Simulacrums, der sozialen Nachfrage, der Nachfrage nach dem Sozialen annehmen. Das Ergebnis wäre ein verschärfter, zwanghafter Hyperkonformismus, eine umso formalere Durchsetzung des Sozialen als Norm und als Diskurs.

10 Siehe die dreifache Residualität in *Der symbolische Tausch und der Tod*: die Residualität des Werts in der ökonomischen, die des Phantasmas in der psychischen und die der Bedeutung in der linguistischen Ordnung. Man muss diesen also eine vierte Residualität hinzufügen: die des Sozialen in der ... sozialen Ordnung.

11 Siehe dazu die Rituale bei den Guayaki oder den Tupi-Guarani: Wenn ein derartiges Residuum auftaucht, wird es von messianischen Führern mittels eschatologischer Bewegungen, welche die Gruppe von ihren »sozialen« Residuen reinigen, zum Atlantik hingezogen. Nicht nur die politische Macht (Clastres), sondern das Soziale selbst wird als desintegrierte/desintegrierende Instanz beschworen.

12 Das mentale Äquivalenzsystem ist nicht notwendig an die politische Ökonomie des Kapitals gebunden. Das Gleichgewicht zwischen Arbeit und Lohn, zwischen Verdienst und Genuss kann jenseits aller bürgerlichen Moral ein eigenes Maß und eine Form des Widerstands bedeuten. Dass einem etwas ohne Äquivalent zukommt, kann eine unverzeihliche Wohltat sein. Hölderlins Wahnsinn entstand ihm aus jener Verschwendung der Götter, aus jener Gnade der Götter, die einen überschwemmt und die tödlich wird, wenn sie nicht durch ein menschliches Äquivalent, durch Land, durch Arbeit, gesühnt oder kompensiert werden kann. Das ist eine Art Gesetz, das mit bürgerlicher Moral nichts zu tun hat. Nehmen wir ein Beispiel, das uns näher ist: die tödliche Verunsicherung der Leute, die einem Übermaß an Reichtum und Glück ausgesetzt werden – wie die

Kunden eines großen Kaufhauses, denen man anbietet, alles mitzunehmen, was sie wollen: Sie reagieren panisch. Oder auch die Weinbauern, denen der Staat mehr Geld dafür bietet, dass sie ihre Weinstöcke ausreißen, als sie mit der Bearbeitung Weinberge verdienen könnten. Diese unverhoffte Prämie wirkt stärker destrukturierend als die traditionelle Ausbeutung der Arbeitskraft.

13 ***Vierte Hypothese***: *Die Implosion des Sozialen in den Massen*. Diese Hypothese läuft in anderer Form (Simulation, Abschreckung, Implosion) auf dasselbe Ergebnis hinaus wie die dritte Hypothese. Sie wurde im ersten Teil des vorliegenden Textes genauer entfaltet.

Stephan Günzel
NACHWORT

Wie schön ist es, im Schoß der Massen zu versinken! Besser, als in der Transzendenz zu flippen, ist es, in der Immanenz zu hocken. Die Massen.[1]

Eine der konzisesten und wichtigsten Abhandlungen Jean Baudrillards ist zugleich eine seiner unbekanntesten. Sie stammt aus dem Jahr 1978 und erfuhr in Frankreich zwar bis heute mehrere Neuauflagen,[2] geriet im deutschsprachigen Raum jedoch schnell in Vergessenheit.[3] Sie offenbart nicht nur einen bislang wenig beachteten Diskurs, in den sich Baudrillard einschreibt – nämlich denjenigen der Massentheorie –, auch alle früheren Themen aus Baudrillards soziologisch-kritischer Phase sind darin ebenso präsent wie diejenigen der späten, nihilistisch-apokalyptischen Phase. »Im Schatten der schweigenden Mehrheiten« ist wie eine Schablone für alle die kleinen Texte und Essays der folgenden Jahre. Seine Abhandlung ist aber auch der zweieiige Zwilling von »Die Präzession der Simulacra«, den Baudrillard ein Jahr zuvor 1977 verfasste, und der anders als dieser keine Parallelen in seiner Hauptschrift *Der symbolische Tausch und der Tod* aufweist:[4] Wird hier mit Nietzscheschem Gestus eine Geschichte des Irrtums (alias Wahrheit) von den Urbildern zu den Simulacra (und zu jenen zurück) vorgelegt, so entwickelt Baudrillard in seinem 1978er Text die systematische Formel für seine These, die man auch als sein Mantra bezeichnen könnte: *Das Ereignis findet nicht statt, es wird simuliert.*

Wie »Präzession der Simulacra« nahelegt, ist die Geschichte per se schon der Abschnitt zwischen platonischer Jenseitsgläubigkeit und gegenwärtigem Diesseitsverlust, in dem das Wissen über diese Irrtümer vergessen ist. Ein ähnliches Vergessen unterstellt Baudrillard in seinem Text über das Ende des Sozialen der Wissenschaft desselben – also derjenigen Disziplin, in der er selbst als Mitarbeiter von Henri Lefebvre institutionell verankert war. Insofern rechnet Baudrillard darin regelrecht mit seiner eigenen Zunft ab, wenn er der Soziologie ihre empirische Grundlage abspricht. Freilich gibt es in der Soziologie wie in anderen Fächern den ewigen Streit zwischen Grundlagenforschern und Empirikern, doch die Tragweite von Baudrillards Kritik geht weiter: Sie erschüttert auch noch die Ziele der Ideologiekritik selbst. Damit wiederholt Baudrillard die »Kritik der kritischen Kritik« von Karl Marx, Baudrillard macht sie gar am gleichen ›Gegenstand‹ fest: *der Masse.*

Marx hatte dem Kreis der Junghegelianer um Bruno Bauer mit ihrem Ziel einer »reinen Kritik« systematische Massenverachtung vorgeworfen.[5] Wie schon Hegel, der in seinen Vorlesungen über Rechtsphilosophie die Masse als schlechthin »formlos« (§ 279) ausgab, die es im bürgerlichen Staat nach dem Muster der Familie zu formen gelte, so verachteten auch die Verfechter eines Nationalstaates die Masse als soziale Verfallsform: »Die Masse als solche, ist eine Erscheinung«, so Bauer, »die erst eintreten konnte, nachdem die spezifischen Unterschiede, in welchen sich die Gattung bisher dargestellt hatte, erblasst waren. Sie ist der Verfall der Gattung in die Menge einzelner Atome [...].«[6] Doch anders als Marx, der von der Masse wiederum ein eigenes ›Klassenbewusstsein‹ einfordert, interessiert sich Baudrillard allenfalls indirekt für politische Bildung: Vielmehr tritt er wie Marx in seinem Ansatz für eine rückhaltlose Aufklärung der Soziologie als Ökonomie ein. Die soziale Menge selbst sei »kritische Masse«[7], die als Unform schlechthin schon an sich widerständig ist, denn sie führt die Kategorien der Wissenschaft vom Sozialen mit ihren Methoden ad absurdum.

Eine bestechende Nähe weist Baudrillards Metakritik dabei zur historischen Epistemologie Gaston Bachelards auf, der seine Analyse der wissenschaftlichen Begriffsbildung exemplarisch am »Schwamm« als naturwissenschaftliche Leitmetapher des 18. Jahrhunderts vorführt.[8] Das Set an Eigenschaften einer empirischen Singularität wird in ganz unterschiedlichen Bereichen wie Physik und Medizin zum Erklärungsmodell für Naturvorgänge und verselbständigt sich nach Bachelard zum Grundbegriff, der seine Evidenz gerade aufgrund seiner ›Schwammigkeit‹ zu erhalten scheint. Gleiches gilt nach Baudrillard für die Massenkonzeption der Soziologie: »Der Terminus Masse ist kein Begriff. [...] Rückblickend wird [...] deutlich, dass Begriffe wie ›Klasse‹, ›soziale Beziehung‹, ›Macht‹, ›Status‹, ›Institution‹ und sogar der Begriff des ›Sozialen‹, kurz, dass all diese allzu klaren Begriffe, die den Ruhm der anerkannten Wissenschaften ausmachen, selbst nie etwas anderes waren als wirre Vorstellungen, über die man sich nur aus einem mysteriösen Grund, nämlich um einen bestimmten Code der Analyse zu bewahren, geeinigt hat.«[9] – Die »Masse« sei demnach das »Mana«[10] der Soziologie, also die von Marcel

Mauss als Transzendentalsignifikat der Kultur Polynesiens ausgemachte »verworrene Idee«, die »dunkel und verschwommen und doch von einem auf befremdliche Weise genau bestimmten Gebrauch [ist]«[11], sodass es als Rechtfertigung kultureller Praktiken fungieren kann. Ganz wie Mauss schreibt Baudrillard über die Zentralkategorie der Sozialwissenschaft: »Den Ausdruck Masse spezifizieren zu wollen, ist widersinnig – es ist der Versuch, dem, was keinen Sinn hat, einen Sinn zu unterstellen. [...] Die Masse ist ohne Attribut, ohne Prädikat, ohne Qualität, ohne Referenz. Das ist ihre Definition oder auch ihre radikale Undefinition.«[12] Die soziologischen Fragen seiner Zeit empfand Baudrillard daher als ein Beschwörungsritual, das um eine magische Instanz kreiste und die Rechtfertigung einer Wissenschaftspraxis lieferte.

Auch wenn Baudrillard keinen expliziten Bezug auf die Vorgeschichte des Massenbegriffs oder vielmehr seine Zwischengeschichte von den Hegelianern zur neueren Soziologie nimmt, so entspricht ihr doch seine Kritik: Die Masse wurde als wissenschaftliche Kategorie erst durch die Kriminologie des späten 19. Jahrhunderts etabliert. Namentlich die ›positivistische Schule‹ mit Cesare Lombroso, noch mehr aber mit Enrico Ferri konnte den rein pejorativ gebrauchten

Begriff in eine neutrale Kategorie umprägen, wobei die statistischen Erhebungen dem Erkenntnisinteresse unterstellt waren, den Typus des »Verbrechers« zu bestimmen. Dieser war eine protosoziologische Figur, zunächst und vor allem aber die Unterstellung einer (angeborenen) physiologischen Gestalt. Von hier aus ging die Masse dann schließlich in die Psychologie und Sozialpsychologie über, wie sie dann einschlägig bei Gustave Le Bon vorliegt.[13] Ein Scharnier ist hierbei die Arbeit des Ferri-Schülers Scipio Sighele, die bereits zwei Jahre vor Le Bons Schrift 1893 als *La Coppia Criminale* erschien, und in dem die metaphorische Abkunft des Begriffs noch dezidiert in die Argumentation einbezogen ist: Die Masse ist für Sighele ein Teig (*massa*), der ›gärt‹; hervorgegangen aus der Menge als »Nährboden [...] auf dem sich der Bacillus des Bösen sehr leicht entwickelt«[14]. Insbesondere das Moment der Nachahmung als Ansteckung ist das zentrale Moment der Massen(sozial)psychologie, nicht nur bei Le Bon, sondern auch schon bei Gabriele Tarde, wenngleich dieser nicht zu den Verächtern oder Zähmern der Masse zu rechnen ist.[15]

Doch Baudrillard dekuvriert nicht nur die Zentralmetapher der empirischen Soziologie und deren Konnotationen, sondern wendet das Konzept der Masse eben auch kritisch gegen die

Untersuchungsmethoden der Soziologie. Hierbei kommt Baudrillards Anverwandlung der Psychoanalyse zum Tragen: Die Masse ist nicht nur die unzureichende Kategorie soziologischer Erkenntnisbemühungen, sondern das Verdrängte der Gesellschaft: Die Masse ist für Baudrillard daher zugleich der »Nullpunkt«[16] des Politischen. Ebenso wie es für Roland Barthes einen ›Nullpunkt der Literatur‹ gibt, an dem keine Differenz mehr »zwischen Benennung und Urteil«[17] besteht (und den Barthes bei Marx realisiert sieht), so ist für Baudrillard in der Masse die Differenz des Politischen getilgt, die im Unterschied zwischen Ideologie und Realpolitik besteht.[18] Damit wendet sich Baudrillard letztlich gegen die Möglichkeit der Revolution durch die Massenmobilisierung. Auch in dieser Hinsicht ist »Das Ende des Sozialen« die Matrize aller politischen Texte Baudrillards:[19] Der einzig politische Widerstand ist der Widerstand gegen Politik – das Amorphe ist schon revolutionär.[20] Baudrillards Text ist ein Anti-Jünger, die Absage an eine Mobilmachung der Arbeiter, die der »Kristallbildung« durch den »großen Druck der Massen« entgegenwirken solle.[21] Mehr als der Studentenbewegung oder den konservativen Revolutionären, zu denen er heute mitunter gezählt wird, steht Baudrillard dem Situationismus und seinen surrealistischen

Strategien nahe, worin die Widerständigkeit des Materiellen zum Prinzip erhoben wird: Die Masse muss nicht ihre Entfremdung überwinden, vielmehr entfremdet die Masse: »Aber die Masse ist weder ein Ort der Selbstaufhebung noch ein Ort der Explosion, sondern ein Ort der Absorption und der Implosion.«[22]

Dass Massentheorie für Baudrillard zugleich stets auch eine Informationstheorie ist, macht er am McLuhanschen Medientheorem fest, das nach Baudrillard mehr über die Nutzer der Massenkommunikationsmittel sage als über die Medien selbst. Baudrillard pointiert seine Kritik, indem er den beiden Lesarten von »The medium is the message« (das im nachträglich von McLuhan affirmierten Fehldruck des Publikationstitels dann »The medium is the massage«[23] wird) dabei eine dritte Variante hinzufügt: *The medium is the mass-age*: »Masse ist das Grundkonzept und die Formel ›The medium is the mass-age‹ ist die Grundformel, weil hier gerade der Kern der Implosion ist – also dieses Zusammenschmelzen des Mediums und des Inhalts, der Botschaft.«[24] Baudrillard nimmt die Informationstheorie Claude Shannons damit beim Wort und zieht die Konsequenz aus der Annahme, dass nicht nur *Materie = Energie* ist, sondern auch *Energie = Information*, sodass *Materie = Information* ist und (da

Materie = Masse) die *Masse Information* – also *Botschaft* – ist. Die Botschaft der Masse ist aber einzig ihre Massivität oder die Absorptionsleistung jeglicher Energie, weshalb Baudrillard auch zur Metapher der (sozialen) Masse als einem schwarzen Loch oder »kalten Stern«[25] übergeht, in der das Licht (als universelle Medienform nach McLuhan) aufgesogen würde und der Sinn (oder die Geschichte) implodiere.[26] Nach dieser Logik kommt Baudrillard in »Im Schatten der schweigenden Mehrheiten« letztlich zu der Überzeugung, dass es – wie er es zuvor schon in seiner Kritik an Enzensberger darlegte[27] – auch durch Mediengebrauch zu keiner Befreiung der Massen kommen wird;[28] vielmehr müssten wenn, dann die Medien von den Massen befreit werden: »Man hat immer geglaubt – dies ist die Ideologie der Massenmedien selbst –, dass die Medien die Massen vereinnahmen. Man hat das Geheimnis der Manipulation in einer ausgeklügelten Semiologie der Massenmedien gesucht. Doch bei dieser naiven Kommunikationslogik hat man vergessen, dass *die Massen ein stärkeres Medium sind als alle Medien*, dass sie die Medien vereinnahmen und absorbieren – oder dass es zumindest keine Vorherrschaft der einen über die anderen gibt. Ob Massen oder Medien, der Vorgang ist der gleiche. *Mass(age) is message.*«[29]

Genau an dieser Stelle zeigt sich der notorische Pessimismus oder der strategische Fatalismus von Baudrillards Massenanalyse: Die soziale Masse – diese These wird er im Zuge der Attentate vom 11. September 2001 wiederholen[30] – ist für ihn der eigentliche Terror oder zumindest ist die Logik der Masse derjenigen des Terrorismus strukturell gleich: »Das einzige Phänomen, das eine Affinität zu dieser Revolution, zu den Massen und der Art aufweist, wie sich der letzte Schicksalsschlag des Sozialen und dessen Tod in ihnen abspielt, ist der Terrorismus. [...] [N]ichts ist seltsamer und zugleich vertrauter als ihre Übereinstimmung in der Verneinung des Sozialen und der Verweigerung des Sinns.«[31] Die Massenverachtung Baudrillards unterscheidet sich jedoch nach wie vor von derjenigen Adornos,[32] zu deren Aktualisierung zuletzt auch Peter Sloterdijk beigetragen hat, wenn er die Masse als das stigmatisiert, was sie erst durch die Kriminologie hat werden können: kulturelles Mittelmaß qua empirischem Durchschnitt.[33] Auch unterscheidet sich Baudrillards Intervention von der wohl radikalsten Umkehrung der Freudschen Identifikationsthese durch Wilhelm Reich, der den Führerkult nicht als eine unbewusste, sondern vielmehr als bewusste ›Reaktion‹ deutet: Nicht die Massen beten in ihrem

Führer unwillentlich sich selbst als den Durchschnitt an, sondern sie wünschen sich Reich zufolge die Gleichschaltung ganz ausdrücklich; der Führerkult ist ein schlechthin intransitives Massenbegehren.[34] Baudrillard hingegen setzt bei der Heuristik der Faschismusanalyse selbst an: »Für das ›materialistische‹ Denken muss es eine ewig unlösbare Frage bleiben, warum eine ›beherrschte‹ Masse die Macht nicht sofort stürzte. Warum der Faschismus?«[35] Wiederum ist Baudrillards Antwort, dass die Frage selbst den Erkenntnisgegenstand inauguriert. Das heißt, jedes Fragen nach der Masse wird durch deren notwendige Unschärfe oder ›Schwammigkeit‹ im Ansatz erstickt. Es kann nach Baudrillard daher zwar Hypothesen über »das Soziale« geben, nie aber lässt sich dieses dingfest machen.[36] – Der Grund ist kein geringerer als: die Masse.

Anmerkungen

1 Jean Baudrillard, *Cool Memories. 1980-1985*, a.d. Franz. v. Michaela Ott, München: Matthes & Seitz 1989 [1987], S. 66.

3 Orig.: *À l'ombre des majorités silencieuses ou la fin du social*, Paris: Utopie 1978. Zuletzt 2005 bei Sens & Tonka, im Englischen in der Reihe *Semiotext(e)* 1983 (2. Aufl. 2007).

2 Wie viele seiner Texte wurde auch dieser binnen Kurzem ins Deutsche übertragen. Bereits ein Jahr nach der französischen Version erschien »Im Schatten der schweigenden Mehrheiten oder Das Ende des Sozialen« in der Übersetzung von Grete Osterwald als Zweiteiler in den beiden ersten Nummern des *Freibeuters*, der Zeitschrift von Klaus Wagenbach und Barbara Herzbruch: Jean Baudrillard, »Im Schatten der schweigenden Mehrheiten oder Das Ende des Sozialen«, in: *Freibeuter. Vierteljahresschrift für Kultur und Politik* 1/1979, S. 17-33, und 2/1979, S. 37-55.

4 Zur Simulacratheorie siehe Jean Baudrillard, *Der symbolische Tausch und der Tod*, a.d. Franz. v. Gerd Bergfleth, Gabriele Ricke und Ronald Voullié, München: Matthes & Seitz 1982 [1976], S. 77ff.

5 »Überhaupt ist die *Masse* ein *unbestimmter* Gegenstand, der daher weder eine bestimmte Aktion ausüben noch auch in ein bestimmtes Verhältnis treten kann. *Die* Masse, wie sie der Gegenstand der kritischen Kritik ist, hat nichts gemein mir den *wirklichen* Massen, die wieder sehr massenhafte Gegensätze unter sich bilden.« (Karl Marx/Fried-

rich Engels, »Die heilige Familie oder Kritik der kritischen Kritik. Gegen Bruno Bauer und Konsorten«, in: dies., *Werke*, Bd. 2, Berlin: Dietz 1970, S. 5-223 [1845], hier S. 164.

6 Bruno Bauer, »Die Gattung und die Masse«, in: ders., *Feldzüge der reinen Kritik*, Frankfurt a.M. 1968, S. 213-223 [1844], hier S. 213.

7 Marx/Engels, »Die heilige Familie«, S. 151, und Jean Baudrillard, *Illusion des Endes oder Der Streik der Ereignisse*, a.d. Franz. v. Ronald Voullié, Berlin: Merve 1994 [1992], S. 12.

8 Gaston Bachelard, *Die Bildung des wissenschaftlichen Geistes. Beitrag zu einer Psychologie der objektiven Erkenntnis*, a.d. Franz. v. Michael Bischoff, Frankfurt a.M.: Suhrkamp 1978 [1938], S. 127-139.

9 Vgl. S. 10.

10 Ebd.

11 Marcel Mauss (mit Henri Hubert), »Entwurf einer allgemeinen Theorie der Magie«, in: ders., *Soziologie und Anthropologie*, Bd. 1, a.d. Franz. v. Henning Ritter, Frankfurt a.M.: Fischer 1989 [1950], S. 43-179 [1903], »Das Mana«, S. 140-154, hier S. 141.

12 Vgl. S. 11.

13 Gustave Le Bon, *Psychologie der Massen*, a.d. Franz. v. Rudolf Eisler, Stuttgart: Kröner 2008 [1895].

14 Scipio Sighele, *Psychologie des Auflaufs und der Massenverbrechen*, a.d. Ital. v. Hans Kurella, Dresden/Leipzig 1897 [1893], S. 79.

15 Gabriel de Tarde, *Die Gesetze der Nachahmung*, a.d.

Franz. v. Jadja Wolf, Frankfurt a.M.: Suhrkamp 2003 [1890]. – Unter den Massentheoretikern ist Tarde damit der einzige Vorläufer von Canetti.

16 Vgl. S. 25.

17 Roland Barthes, *Am Nullpunkt der Literatur*, a.d. Franz. v. Helmut Scheffel, Frankfurt a.M.: Suhrkamp 1982 [1953], S. 31.

18 Auch Ortega bedient sich in einer gleichgelagerten Beschreibung, jedoch mit gegenläufiger Intention: »Nun stellt aber der Durchschnittsmensch den Boden dar, über dem sich die Geschichte jedes Zeitalters bewegt; er ist in der Geschichte, was das Meeresniveau in der Geographie.« (José Ortega y Gasset, *Der Aufstand der Massen*, a.d. Span. v. Helene Weyl, Stuttgart: DVA 1957 [1930], S. 84.)

19 Vgl. die Konkretisierungen in Jean Baudrillard, *Die göttliche Linke. Chronik der Jahre 1977-1984*, a.d. Franz. v. Ronald Voullié, München: Matthes & Seitz 1986 [1985], S. 20ff.

20 »In gewisser Weise geht es nun nicht mehr um eine Revolution, sondern um eine massenhafte *Devolution*. [...] Ein massenhafter Verzicht auf den Willen.« (Jean Baudrillard, *Die fatalen Strategien*, a.d. Franz. v. Ulrike Bockskopf u. Ronald Voullié, München: Matthes & Seitz 1985 [1983], S. 117.)

21 Ernst Jünger, »Die totale Mobilmachung«, in: ders., *Sämtliche Werke*, Bd. 7, S. 119-141 [1930], hier S. 128.

22 Vgl. S. 29.

23 Marshall McLuhan/Quentin Fiore, *Das Medium ist Massage*, a. d. Amerik. von Max Nänny, Frankfurt a.M./Berlin/Wien: Ullstein 1984 [1967]. – Baudrillard greift

auch diese Variante auf. (Siehe Baudrillard, *Symbolischer Tausch*, S. 101.)

24 Gespräch zwischen Jean Baudrillard und Gerhard Johann Lischka im Kunstmuseum Luzern am 1. Oktober 1993, in: *Die Illusion und die Virtualität*, Wabern-Bern: Benteli 1994, S. 23-47, hier S. 35.

25 »Die [...] träge Masse des Sozialen ist nicht das Ergebnis von fehlenden Tauschhandlungen, des Mangels an Information oder Kommunikation, sondern sie resultiert ganz im Gegenteil aus der Vervielfachung und Häufung von Tauschhandlungen. Sie kommt durch die übergroße Dichte von Städten, Waren und Botschaften und Kreisläufen zustande. Diese träge Masse ist der kalte Stern des Sozialen; und rund um diese Masse erkaltet die Geschichte. [...] Jede gesellschaftliche, geschichtliche und zeitliche Transzendenz wird von dieser Masse in ihrer schweigenden Immanenz absorbiert.« (Jean Baudrillard, *Illusion des Endes oder Der Streik der Ereignisse*, a.d. Franz. v. Ronald Voullié, Berlin: Merve 1994 [1992], S. 13.)

26 »Die Materie verzögert das Vergehen der Zeit. [...] Sie brauchen nur ›Materie‹ durch ›Masse‹ und ›Zeit‹ durch ›Geschichte‹ ersetzen. Dann wird klar, dass die Geschichte sich schlechterdings verlangsamt, sobald sie das Gestirn der ›schweigenden Mehrheit‹ berührt.« (Jean Baudrillard, »Das Jahr 2000 findet nicht statt«, a. d. Franz. v. Marianne Karbe, in: ders., *Das Jahr 2000 findet nicht statt*, Berlin: Merve 1990, S. 7-37 [1984], hier S. 11.)

27 Gegen Enzensbergers Plädoyer für eine Aneignung der

Medien und der Umkehrung ihrer Distributionsrichtung im Sinne Brechts schreibt Baudrillard: »Die Massenmedien sind dadurch charakterisiert, dass sie anti-mediatorisch sind [...].« (Jean Baudrillard, »Requiem für die Medien«, in: ders., *Kool Killer oder Der Aufstand der Zeichen*, a.d. Franz. v. Hans-Joachim Metzger, Berlin: Merve 1978, S. 83-118 [1972], hier S. 91.)

28 Dies liegt zuletzt daran, dass im Simulationszeitalter der aufgeklärte Einzelne nicht mehr den Gegenpol zur Masse bilden kann: »Das Individuum bildet selbst eine Masse – wobei sich die Massenstruktur in hologrammatischer Form in jedem einzelnen Fragment wiederfindet. Im virtuellen Medienuniversum sind Masse und Individuum nur die elektronische Extension des jeweils anderen.« (Jean Baudrillard, *Der unmögliche Tausch*, a. d. Franz. v. Markus Sedlaczek, Berlin: Merve 2000 [1999], S. 71.)

29 Vgl. S. 51f.

30 »Die Taktik des terroristischen Modells besteht darin, einen Realitätsexzess zu provozieren und das System unter diesem Exzess zusammenbrechen zu lassen.« (Jean Baudrillard, »Der Geist des Terrorismus«, a.d. Franz. v. Markus Sedlaczek, in: ders., *Der Geist des Terrorismus*, Passagen 2002, S. 11-35 [2001], hier S. 22.)

31 Vgl. S. 58.

32 Auch wenn es gelegentlich Formulierungen gibt, die sich ganz in seiner Weise gegen die Unterhaltungsindustrie wenden: »Das Schulsystem, die Medien, die Massenkultur und -information sind es, die dafür sorgen, dass die

Menschen zu Kopien werden, die einander entsprechen.« (Jean Baudrillard, *Der unmögliche Tausch*, a. d. Franz. v. Markus Sedlaczek, Berlin: Merve 2000 [1999], S. 57.)

33 Peter Sloterdijk, *Die Verachtung der Massen. Versuch über die Kulturkämpfe in der modernen Gesellschaft*, Frankfurt a.M.: Suhrkamp 2000.

34 Wilhelm Reich, *Die Massenpsychologie des Faschismus*, Frankfurt a.M.: Fischer 1974 [1933]. – Ein vergleichbarer Ansatz findet sich bei Broch in den 1940ern. (Siehe Hermann Broch, *Massenwahntheorie. Beiträge zu einer Psychologie der Politik* (*Werkausgabe*, Bd. 12), Frankfurt a.M.: Suhrkamp 1979.)

35 Jean Baudrillard, *Oublier Foucault*, a.d. Franz. v. Horst Brühmann, München: Raben [2]1983 [1977], S. 52. – Insbesondere kritisiert Baudrillard hier die Begehrenstheorie der Macht von Deleuze, der wiederum an Reich anschließt.

36 Als mögliche Annahmen über das Soziale macht Baudrillard in seinem Text über den »Schatten der schweigenden Mehrheiten« drei aus: 1. »Im Grunde hat das Soziale nie existiert«, 2. »Das Soziale hat sehr wohl existiert, es existiert sogar in zunehmendem Maße«, und 3. »Das Soziale hat sehr wohl existiert, aber es existiert nicht mehr«. (Vgl. S. 79-92) – Tatsächlich spielt auch Baudrillard diese Varianten immer wieder durch, insbesondere die zweite These der Hypertrophie, wenn er etwa schreibt: »Die Massen bilden die Ekstase des Sozialen, [...] den Spiegel, in dem sich das Soziale in seiner ganzen Immanenz spiegelt.« (Baudrillard, *Fatale Strategien*, S. 11.)

Der Originaltext *À l'ombre des majorités silencieuses ou la fin du social* erschien erstmals 1978 bei *Editions Utopie*, Paris. *Im Schatten der schweigenden Mehrheiten oder Das Ende des Sozialen* erschien erstmals 1979 in *Freibeuter. Vierteljahresschrift für Kultur und Politik* [1/1979 und 2/1979] in einer Übersetzung von Grete Osterwald, die sie für die vorliegende Ausgabe vollständig überarbeitet hat. Das Nachwort von Stephan Günzel ist eine leicht veränderte Fassung seines Essays *Masse und Simulation* [*Tumult 34, Baudrillard fassen*, hg. v. Michaela Ott, Stephan Günzel, Walter Seitter, Berlin 2009, S 95-101]. Der Verlag dankt Michaela Ott und Stephan Günzel für die Vermittlung und die Ermöglichung dieser Ausgabe.

Erste Auflage 2010

www.matthes-seitz-berlin.de

Umschlaggestaltung nach einer Idee von Pierre Fauchau
Druck und Bindung: art-druk, Szczecin

ISBN 978-3-88221-693-6

FRÖHLICHE WISSENSCHAFT BEI MATTHES & SEITZ BERLIN

Georges Bataille

Henker und Opfer

Mit einem Vorwort von André Masson

Aus dem Französischen von Gerd Bergfleth u.a.

96 Seiten, ISBN 978-3-88221-726-1

Thierry Dufrêne

Giacometti – Genet. Masken und modernes Portrait

Aus dem Französischen von Eveline Passet

160 Seiten, ISBN 978-3-88221-694-3

Maurice Blanchot

Die uneingestehbare Gemeinschaft

Aus dem Französischen und mit einem Kommentar

von Gerd Bergfleth

183 Seiten, ISBN 978-3-88221-892-3

Julien Torma

Euphorismen

Herausgegeben von Jean Montmort

Aus dem Französischen

und mit Anmerkungen versehen von Klaus Völker

144 Seiten, ISBN 978-3-88221-669-1

FRÖHLICHE WISSENSCHAFT BEI MATTHES & SEITZ BERLIN

László F. Földényi

Dostojewski liest in Sibirien Hegel und bricht in Tränen aus

Aus dem Ungarischen von Hans Skirecki

64 Seiten, ISBN 978-3-88221-716-2

Georges-Arthur Goldschmidt

Des Pudels Kern

Gespräche mit Tim Trzaskalik

156 Seiten, ISBN 978-3-88221-737-7

Pierre Temkine

Warten auf Godot. Das Absurde und die Geschichte

Mit Beiträgen von Pierre, Valentin und Raymonde Temkine,

François Rastier, Denis Thouard und Tim Trzaskalik

Herausgegeben von Denis Thouard und Tim Trzaskalik

Aus dem Französischen von Tim Trzaskalik

192 Seiten, ISBN 978-3-88221-714-8

Vladimir Jankélévitch

Satie und der Morgen

Aus dem Französischen von Ulrich Kunzmann

Herausgegeben und mit einem Nachwort

von Richard Schroetter

144 Seiten, ISBN 978-3-88221-670-7

FRÖHLICHE WISSENSCHAFT BEI MATTHES & SEITZ BERLIN

Gerhard Rühm

Aspekte einer erweiterten Poetik

Vorlesungen und Aufsätze

120 Seiten, ISBN 978-3-88221-736-0

Eric Voegelin

Das Jüngste Gericht Friedrich Nietzsche

Aus dem Englischen von Heide Lipecky

Herausgegeben und kommentiert von Peter J. Opitz

192 Seiten, ISBN 978-3-88221-887-9

Warlam Schalamow

Über Prosa

Mit einem Nachwort von Jörg Drews

Aus dem Russischen von Gabriele Leupold

Herausgegeben von Franziska Thun-Hohenstein

144 Seiten, ISBN 978-3-88221-642-4

Paul Lafargue

Die Religion des Kapitals

Aus dem Französischen von Andreas Rötzer

Mit einem Nachwort von Jean-Pierre Baudet

144 Seiten, ISBN 978-3-88221-748-3

FRÖHLICHE WISSENSCHAFT BEI MATTHES & SEITZ BERLIN

Hans-Martin Schönherr-Mann

Der Übermensch als Lebenskünstlerin

Nietzsche, Foucault und die Ethik

168 Seiten, ISBN 978-3-88221-667-7

Peter Trawny

Adyton. Heideggers esoterische Philosophie

160 Seiten, ISBN 978-3-88221-662-2

Antonin Artaud

Van Gogh, Selbstmörder durch die Gesellschaft

Aus dem Französischen von Bernd Mattheus

108 Seiten, ISBN 978-3-88221-646-2

Horst Dieter Rauh

Nächtliche Muse

Über die Träume bei Proust

112 Seiten, ISBN 978-3-88221-695-0

Wilfried F. Schoeller / Herbert Wiesner (Hg.)

Widerstand des Textes

Politisch-ästhetische Ortsbestimmungen

288 Seiten, ISBN 978-3-88221-683-7

Jean Baudrillard bei Matthes & Seitz Berlin

Jean Baudrillard
Der symbolische Tausch und der Tod

Jean Baudrillard
Die fatalen Strategien

Jean Baudrillard
Warum ist nicht alles schon verschwunden?

Jean Baudrillard
Amerika

Jean Baudrillard
Von der Verführung

Jean Baudrillard
Das perfekte Verbrechen